1962

O BRASIL É BI

— A conquista que confirmou a hegemonia da seleção —

CIP-BRASIL. CATALOGAÇÃO NA PUBLICAÇÃO
SINDICATO NACIONAL DOS EDITORES DE LIVROS, RJ

U14m

    Uberreich, Thiago, 1976-
       1962 : o Brasil é bicampeão : a conquista que confirmou a hegemonia da seleção / Thiago Uberreich. - 1. ed. - São Paulo : Letras do Pensamento, 2022.
       232 p. ; 23 cm.

    Inclui bibliografia e índice
    ISBN 9786589344193

    1. Futebol - Brasil - História. 2. Copas do mundo (Futebol) - História. I. Título.

22-79442   CDD: 796.334668
                          CDU: 796.093.427

Gabriela Faray Ferreira Lopes - Bibliotecária - CRB-7/6643

16/08/2022   19/08/2022

© Thiago Uberreich
© Letras Jurídicas Editora Ltda. – EPP

Editoração e montagem miolo e capa:
@armenioalmeidadesigner

Revisão:
César dos Reis

Fotografia capa:
Última Hora/Arquivo Público do Estado de São Paulo

Fotografia página 1:
Domínio Público

Editor:
Claudio P. Freire

1ª Edição – 2022 – São Paulo-SP
Reservados a propriedade literária desta publicação e todos os direitos para Língua Portuguesa pela LETRAS JURÍDICAS Editora Ltda. – EPP.

Tradução e reprodução proibidas, total ou parcialmente, conforme a Lei n. 9.610, de 19 de fevereiro de 1998.

LETRAS DO PENSAMENTO
Rua Eduardo Prado, 28 – Vila Bocaina
CEP: 09310-500 – Mauá/SP.
Telefone: (11) 3107-6501 | (11) 9-9352-5354
Site: www.letrasdopensamento.com.br
E-mail: vendas@letrasdopensamento.com.br

Impresso no Brasil

THIAGO UBERREICH

1962
O BRASIL É BI

A conquista que confirmou a hegemonia da seleção

2022

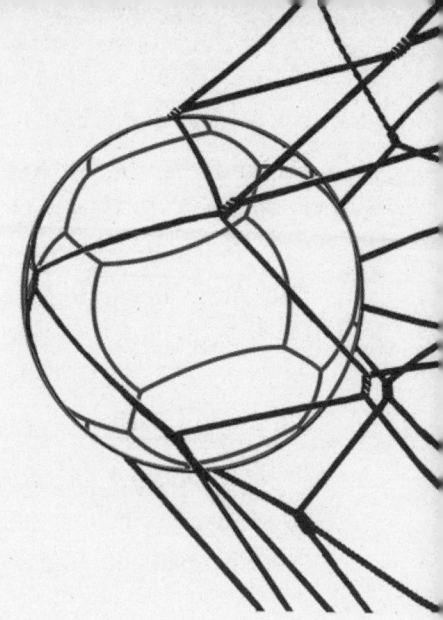

Agradecimentos

Desde que comecei a me aventurar a escrever livros, minha dívida de gratidão só aumenta com familiares e amigos. Começo agradecendo aos meus pais, Téo e Cléo, e ao meu querido irmão, Davi. À minha mulher, Mariana, ao meu enteado, João Gabriel, aos meus tios, primos, às minhas avós, Cida e Rachel (*in memoriam*), e a todos da minha família e da família de minha mulher. Agradeço ao jornalista e arqueólogo do futebol Celso Unzelte, que me honrou com o brilhante prefácio. Agradeço ao "canhão da Vila", Pepe (e sua filha Gisa), e aos grandes jornalistas Luiz Carlos Ramos, Fernando Zamith e Mauro Beting, que me brindaram com textos para a contracapa.

Minha gratidão sempre ao editor Claudio Freire, da Letras do Pensamento. Preciso ainda agradecer: Tuta, Joseval Peixoto, Nilton Travesso, José Carlos Pereira da Silva, Vitor Brown, Marcella Lourenzetto, Alex Ruffo, Luis Guilherme Oliveira (Magal), Adriana Reid, Beatriz Manfredini, Vampeta, Flávio Prado, Marcelo Mattos, Daniel Lian, Natacha Mazzaro, Matheus Meirelles, Nanny Cox, Rodrigo Viga, Antonio Freitas, Oliveira Júnior, Vinicius Silva, Paulinha Carvalho, Denise Campos de Toledo, Carlos Aros, Kallyna Sabino, as queridas Dete, Jô e Nalva, Luiz Inaldo, Reginaldo Lopes, Amanda Garcia, Leandro Andrade, Bernardo Braga Pasquallete, Cláudio Junqueira, Marc Tawil, Thiago Nicodemo e

Fernanda Santos, do Arquivo Público do Estado de São Paulo, Elmo Francfort, Luiz Carlos Hummel Manzione e ao meu eterno mestre de Colégio Rio Branco, historiador Eduardo José Afonso. Ainda: aos aguerridos profissionais do Museu do Futebol do Pacaembu: Ademir Takara e Dóris Regis. Aos amigos do grupo "Craques do Microfone", nas figuras de Marcos Garcia e Leilane Cozzi, filha do grande narrador esportivo Oduvaldo Cozzi.

Agradeço à direção da Jovem Pan, nas figuras de Tutinha e Marcelo Carvalho, pelo apoio de sempre e pela confiança em meu trabalho desempenhado à frente do Jornal da Manhã.

Este livro é dedicado aos eternos campeões de 62, ao técnico Aymoré Moreira, a Paulo Machado de Carvalho e aos profissionais de imprensa que cobriram a Copa.

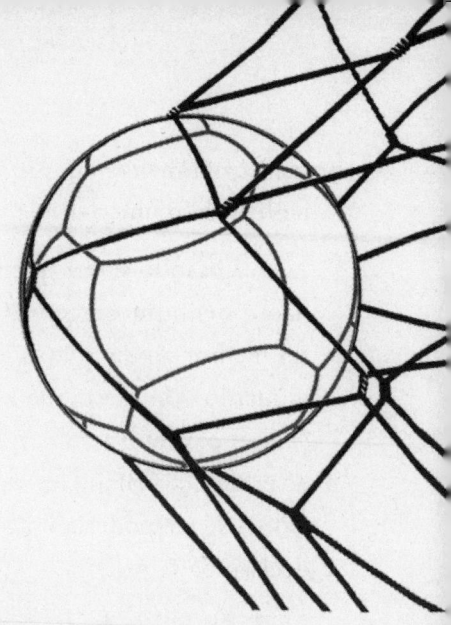

Apresentação

"*Amarildo, Amarildo, Amarildo, Amarildo...*", gritava de forma efusiva o narrador Geraldo José de Almeida, da Rádio Record. Amarildo, jogador do Botafogo, foi o escolhido pelo técnico Aymoré Moreira para a dura e praticamente impossível missão de substituir o Rei Pelé, que se machucou no segundo jogo da Copa de 1962. A contusão foi o drama do mundial. Na partida seguinte, contra a Espanha, o "Possesso", como o chamou Nelson Rodrigues, marcou os gols que garantiram a classificação da seleção para as quartas de final. Foi um sufoco, mas a equipe nacional estava viva na disputa pelo título.

Ninguém imaginava que o caminho do Brasil em campos chilenos seria tão acidentado. A seleção canarinho nunca tinha chegado a um mundial com tanta confiança. E não era para menos! Depois de assombrar o mundo em 1958, os craques, praticamente os mesmos, estavam prontos para repetir a façanha da Itália, que em 1934 e 1938 conquistou o bicampeonato. Entretanto, a Copa é assim: não existe facilidade.

Desde que comecei a pesquisar sobre a história dos mundiais, aos 13 anos, o que me chamava atenção na Copa de 1962 era o formato da trave do Estádio Sausalito, em Viña del Mar, e também do Nacional, em Santiago: um arco segurava a rede. Parecia futebol de botão! Outra cena inesquecível foi quando um cachorro invadiu o campo e driblou nada mais nada menos do que Garrincha, no jogo contra a Inglaterra! Talvez tenha sido o único drible sofrido por Mané em toda carreira.

Quando se diz que Garrincha jogou por ele e por Pelé em 1962, não é nenhum exagero. O ponta que assombrou o mundo em 1958 foi melhor ainda quatro anos depois: fez gol de cabeça e até com o pé esquerdo. Um destaque negativo foi quando Mané acabou expulso de campo contra o Chile, na semifinal. Como não havia cartões amarelo e vermelho, Garrincha seria julgado por um tribunal da FIFA que decidiria se ele poderia ou não jogar na partida seguinte, simplesmente a decisão da Copa.

Paulo Machado de Carvalho, o "Marechal da Vitória", mexeu os pauzinhos e fez o bandeirinha uruguaio, Esteban Marino, desaparecer de Santiago e não relatar o que Mané tinha feito contra um adversário. Aquela artimanha o garantiu na finalíssima. O incidente envolveu até o então primeiro-ministro Tancredo Neves, pois o sistema político do Brasil era o parlamentarismo.

Nas pesquisas para este livro, os jornais da época desmentem a versão de que Vicente Feola, técnico campeão de 1958, não comandou a seleção brasileira em 1962 porque ficou doente. Não foi bem assim. No fim de 1960, o técnico aceitou um convite para treinar o Boca Juniors, da Argentina, e deixou a equipe nacional. Para seu lugar, veio Aymoré Moreira. No entanto, Feola rompeu o contrato com o clube argentino depois de oito meses e voltou à seleção como coordenador técnico. Ele ficou doente durante a fase preparatória, já em 1962, e os médicos o proibiram de viajar com o grupo. De qualquer forma, Vicente Feola não seria o comandante do escrete nacional.

Assim como em 1958, a população brasileira acompanhou os jogos da Copa ao vivo pelo rádio. Mas, ao contrário dos mundiais anteriores, havia uma novidade: o videoteipe. A torcida poderia assistir às partidas com um ou dois dias de atraso, confortavelmente na sala de casa. Felizmente, dos seis jogos do Brasil na Copa, cinco foram preservados na íntegra.

Dos onze jogadores que estavam na final de 1958, oito enfrentaram a Tchecoslováquia naquele inesquecível dia 17 de junho de 1962. A vitória, de virada, por 3 a 1, confirmou a hegemonia do futebol brasileiro. Uma campanha histórica e invicta que completa sessenta anos.

Viva aos bicampeões!

Thiago Uberreich/junho de 2022.

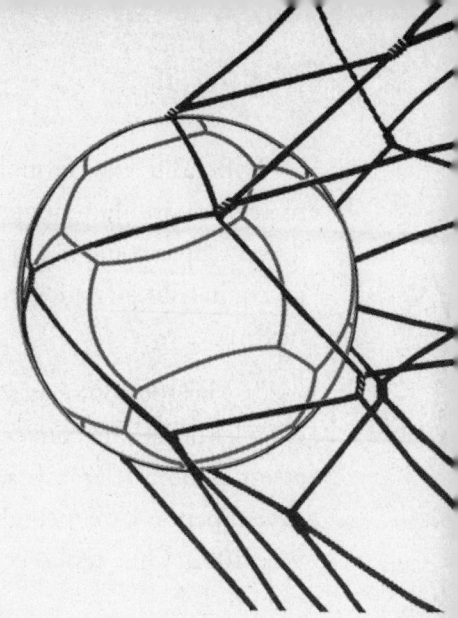

Prefácio

58, 62 e 70. Durante muito tempo, para toda uma geração de fanáticos por futebol (a minha geração!), esta sequência de algarismos foi autoexplicativa, como um mantra. Representava o "Tri", as três Copas do Mundo conquistadas pelo Brasil naqueles respectivos anos. Elas valeram a posse definitiva da *Taça Jules Rimet* e as três estrelas que durante toda a minha infância e adolescência encimaram o escudo da CBD (depois CBF) nas tradicionais camisas amarela e azul da seleção.

58, 62 e 70. A partir de agora, esta mesma sequência mágica ganha novo significado. Passa a representar, também, a excepcional sequência de livros escritos pelo jornalista Thiago Uberreich sobre cada uma daquelas inesquecíveis conquistas.

Inesquecíveis? Nem tanto. Como o próprio Thiago gosta de dizer, *"aos poucos vamos desvendando o passado"*. Sim, porque ainda há muita coisa que não só ficou esquecida como deve ser lembrada (ou melhor, relembrada).

É justamente isso o que o autor faz aqui, neste *1962 – o Brasil é Bi: a conquista que confirmou a hegemonia da seleção*. Aliás, não somente aqui, neste livro que fecha a trilogia iniciada com *1970 – o Brasil é Tri: a conquista que eternizou a seleção brasileira* e continuada com *1958 – o Brasil é Campeão: a conquista que colocou o país no mapa*.

Bendito caos cronológico! Porque é dentro dele que o Thiago não só registra absolutamente tudo o que se precisa saber sobre cada uma dessas Copas como ainda vai buscar o diferente, o surpreendente, o pouco conhecido e falado, mesmo para quem come, dorme, vive e respira futebol.

Mas torcedor é assim mesmo: insaciável. Então, quem manda deixar o leitor sempre com esse gostinho de "quero mais"? A partir de agora, assim como a seleção brasileira nos deve o hexa, Thiago Uberreich nos deve o penta. Uma pentalogia, incluindo as mais recentes conquistas de 94 e 2002. Que, tenho certeza, ele saberá destrinchar com a maestria de sempre.

Celso Unzelte
Comentarista dos canais Disney,
pesquisador da história do futebol
e professor universitário.

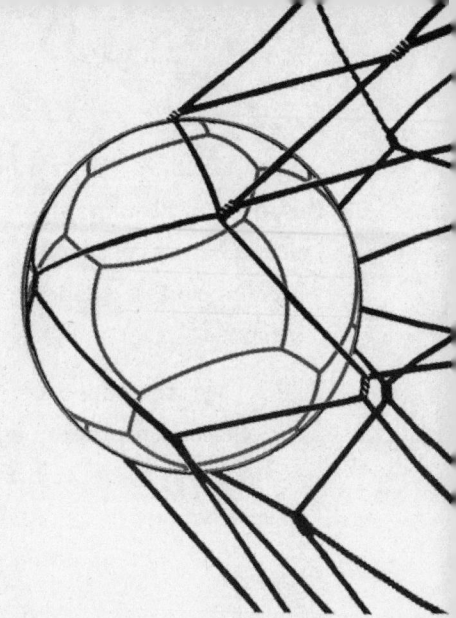

Sumário

Agradecimentos 7
Apresentação 9
Prefácio - Celso Unzelte 13

1. O "complexo de vira-latas" faz parte do passado 17
2. O clima de "já ganhou" ameaça o bi 27
3. A Copa volta para a América do Sul 57
4. Estreia com críticas: Brasil 2 x 0 México 79
5. O Rei combalido: Brasil 0 x 0 Tchecoslováquia 87
6. O "possesso" e a malandragem: Brasil 2 x 1 Espanha 99
7. Só um cachorro dribla Mané: Brasil 3 x 1 Inglaterra 111
8. Calando a torcida: Brasil 4 x 2 Chile 121
9. O mundo é amarelo: Brasil 3 x 1 Tchecoslováquia 133
10. Rádio *versus* videoteipe: as transmissões esportivas em 1962 163
11. Os homens de Aymoré 185

Resultados, classificação e curiosidades da Copa de 1962 199
Referências 223

Se fôssemos 75 milhões de Garrinchas, que país seria este, maior que a Rússia, maior que os Estados Unidos."

(Nelson Rodrigues)

A festa de 1958 se repetiu quatro anos depois
(Fundo Correio da Manhã/Acervo Arquivo Nacional)

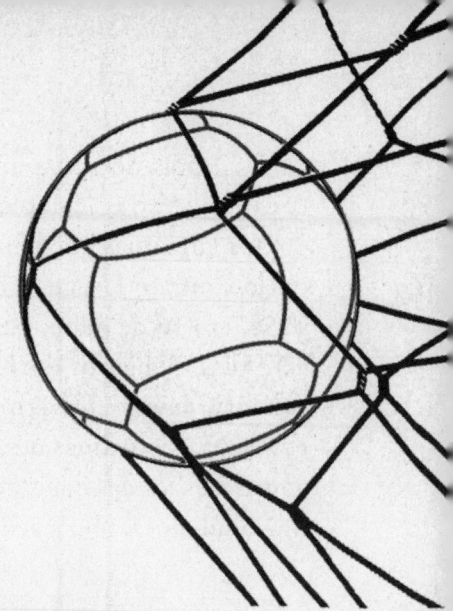

1

O "complexo de vira-latas" faz parte do passado

Paulo Machado de Carvalho segurava a taça *Jules Rimet* como se estivesse com uma criança no colo. O dirigente abraçava o troféu e cantava de forma efusiva o hino nacional. Pelé, o campeão mais jovem da história com apenas 17 anos, chorava nos ombros do goleiro Gylmar. O massagista Mário Américo e o roupeiro Assis corriam feito loucos com a bandeira da Suécia nas mãos. Garrincha brincava com os colegas e pensava em retornar logo ao Brasil para jogar "peladas" em sua terra natal. Afinal, para ele, todos os adversários eram iguais. O técnico Vicente Feola abraçava os jogadores e parecia ter tirado um peso das costas. O semblante dos atletas e da comissão técnica refletia o sentimento de dever cumprido.

Os torcedores suecos, presentes ao Estádio Rasunda, em Estocolmo, reconheciam a superioridade dos adversários e acenavam com lenços brancos para os artistas da bola, como Pelé, Garrincha, Didi, Vavá, Zagallo, Nilton Santos e muitos outros que agora faziam parte da "seleção de ouro". O dia 29 de junho de 1958 entrou para a história do futebol brasileiro e se tornou um divisor de águas.

Depois do apito final do árbitro francês Maurice Guigue, uma coisa era certa: o "complexo de vira-latas" estava devidamente enterrado. Os fantasmas que vinham assombrando o futebol nacional desde o duelo contra o Uruguai, no Maracanã, na partida decisiva da Copa de 1950, em 16 de julho, estavam exorcizados depois de 7 anos, 11 meses e 13 dias. Ninguém duvidava que a vitória esportiva do outro lado do Atlântico enviaria brisas mais confiantes para que os brasileiros pudessem enfrentar os próximos desafios. A goleada por 5 a 2 na decisão é até hoje a mais elástica das finais de Copa do Mundo e o Brasil continua como o único sul-americano a vencer a competição na Europa.

Da esquerda para direita: rei Gustavo, da Suécia, Mário Trigo e Paulo Machado de Carvalho na conquista de 1958
(Acervo Paulo Machado de Carvalho Neto)

Nelson Rodrigues, cronista pernambucano que cunhou o termo "complexo de vira-latas", era um dos raros otimistas antes da seleção partir desacreditada para a Suécia: "*O brasileiro precisa se convencer de que não é um vira-latas e que tem futebol para dar e vender, lá na Suécia. Uma vez que se convença disso, ponham-no para correr em campo e ele precisará de dez para segurar, como o chinês da anedota. Insisto: – para o escrete, ser ou não ser vira-latas, eis a questão.*"

A seleção brasileira que foi tão questionada antes de embarcar para a Europa voltou nos braços do povo. A festa na chegada dos campeões ao Rio de Janeiro é o maior exemplo de que tudo tinha se invertido. Milhões de pessoas se aglomeraram pelas ruas da então capital da República para ver de perto os heróis do primeiro título mundial de futebol, em 1958. Ninguém mais questionava a suposta fraqueza psicológica do brasileiro diante das adversidades esportivas. A vitória dentro de campo trouxe uma autoconfiança jamais vista pela torcida e pelas autoridades do país.

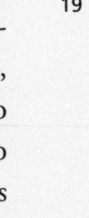

Para o então presidente da República, Juscelino Kubitschek, a conquista em 1958 representou uma virada de página: "*Foi com profunda emoção que, de Brasília, onde acabamos de ouvir a brilhante exibição dos brasileiros, recebemos a grande notícia da vitória, ansiosamente esperada. Quero confessar a alegria que neste instante domina toda a nação por ver o Brasil que já não mais conhece derrotas e que a sua mocidade sabe ostentar vitoriosa o seu nome. Queiram aceitar as felicitações mais calorosas do presidente do Brasil e transmitir nossas saudações aos bravos adversários suecos que se postaram com tanta galhardia e hospitalidade.*"

JK acompanhou a vitória brasileira diretamente da futura capital do país: Brasília seria inaugurada em 21 de abril de 1960, quase dois anos depois da vitória nacional nos gramados da Suécia. Mas estar no Planalto Central naquele dia histórico era uma simbologia: o país passava a caminhar em direção ao progresso e a cidade simbolizava o avanço da nação.

O futebol nacional já estava no topo do mundo quando foi disputar a Copa de 1962, no Chile. As estrelas de quatro anos antes agora eram conhecidas e reverenciadas em todo o planeta. O futebol, o melhor "embaixador" que o Brasil já tivera, encarregava-se de tudo e ajudava a reforçar a confiança em mais um título. Aliás, poucas vezes a torcida brasileira depositou tanta esperança no desempenho da seleção quanto na que foi tentar o bicampeonato. Afinal, "*com brasileiro não há quem possa*", dizia a música que virou *hit* da vitória em 1958. Somente o Brasil tinha gênios, como Pelé e Garrincha.

No entanto, considerar a conquista de 1962 uma mera "extensão" do título de 1958 é um equívoco. Cada vitória tem a sua história e a campanha do bicampeonato se provou única, cheia de percalços, disputas de bastidores e desafios que foram superados com técnica, raça, determinação, muito trabalho, sorte e até diplomacia. A organização inédita e vitoriosa de 1958, sob o comando do chefe da delegação, Paulo Machado de Carvalho, repetiu-se quatro anos depois.

Mauro Ramos de Oliveira ergue a *Jules Rimet* na conquista do bi
(*Última Hora*/Arquivo Público do Estado de São Paulo)

Ninguém duvidava de que Pelé, agora um astro consagrado aos 21 anos, e não mais um garoto de 17, iria arrebentar dentro de campo. Entretanto, o Rei se contundiu na segunda partida do Brasil na Copa. A revista *Manchete* estampou na capa: "*O drama de Pelé*". Entretanto, a publicação fazia questão de injetar ânimo nos torcedores: "*(...) Como se diz entre os gaúchos, 'não está morto quem peleia' e é quase certo que o Rei voltará aos campos de batalha (...)*". Até o último instante e a cada jogo, a torcida acalentou a esperança de que Pelé voltaria, mas não voltou.

A confiança no título ficou, claro, abalada com o problema vivido pelo Rei, mas o Brasil tinha Mané! Garrincha se superou e nunca jogou tanto. Em inúmeros momentos, ele fez as vezes de Pelé. Outro diferencial foi Amarildo, que teve a missão ingrata de substituir o camisa 10 e deu conta do recado. A base da seleção era a mesma de 1958, mas o técnico Vicente Feola foi substituído por Aymoré Moreira. Eram perfis diferentes, mas que levaram o "escrete de ouro" ao título.

Ao contrário de 1958, quando o Brasil vivia uma tranquilidade política com os "anos JK", em 1962 a calmaria deu lugar a turbulências. Em 25 de agosto de 1961, o então presidente Jânio Quadros renunciou ao cargo, quase sete meses depois da posse. Um dos nomes mais polêmicos da história política nacional citou "forças ocultas" para justificar tal ato extremo e os motivos daquela decisão são até hoje questionados e discutidos. O vice-presidente João Goulart, o Jango, tinha sido ministro do trabalho de Getúlio Vargas e não agradava aos militares.

As Forças Armadas não queriam permitir a posse. Entretanto, foi costurado um acordo para que João Goulart assumisse as funções de presidente, mas dentro do regime parlamentarista. O mineiro Tancredo Neves, hábil articulador e que participou das costuras políticas, foi eleito primeiro-ministro. Durante a Copa, Tancredo chegou a interferir em favor da liberação de Garrincha para jogar a final da Copa contra a Tchecoslováquia (veja mais no capítulo 8).

O Brasil e o mundo em 1962

De acordo com o IBGE, a população brasileira era de 76 milhões de pessoas, em 1962. A expansão industrial dos últimos anos, com destaque para o setor automotivo, começou a desacelerar e a inflação não dava trégua. As dificuldades econômicas, somadas às instabilidades políticas, iriam desaguar no golpe militar de abril de 1964.

Por outro lado, a influência americana com músicas, filmes e produtos do dia a dia continuava a todo o vapor. A publicidade nas revistas trazia propagandas de utilidades para o lar e de produtos, como: Maizena, Leite Moça, Knorr-Suíça, chocolates Nestlé, General Electric,

Rhodianyl, meias Nor-Coc, refrigeradores Hotpoint, calçados Terra, sapatos Samello, desodorante D-ten, açúcar União, rádios e televisores ABC, refrigeradores e TV Admiral, Eucatex, Brastemp, Consul, sapatos Mika Moccasin, loção Pantene, camisa esporte Ban-Lon, Shell, Ipiranga, Atlantic, Pirelli, Chevrolet, Simca Chambord, Aero Willys, motocicletas Vespa, creme dental Kolynos, vinhos Schenk, eletrodomésticos Arno e pentes Flamengo.

Os *jingles* dos comerciais exibidos na TV, como o das Casas Pernambucanas, ficavam na cabeça das pessoas: "*Quem bate? É o frio/Não adianta bater que eu não deixo você entrar/As casas Pernambucanas é que vão aquecer o meu lar (...)*". Quem não se lembra ou já assistiu ao comercial dos Cobertores Parahyba: "*Já é hora de dormir, não espere mamãe mandar/Um bom sono para você e um alegre despertar*". Os meios de comunicação influenciavam os hábitos de consumo das famílias brasileiras.

Propaganda publicada nos jornais
(acervo pessoal do autor)

O aparelho de televisão se tornava cada vez mais integrante da sala de estar das pessoas. As lojas e grandes magazines faziam ofertas para facilitar o pagamento em prestações a perder de vista. Enquanto isso, as emissoras ampliavam a programação com novelas, filmes, seriados, *shows* e, claro, transmissões ao vivo de futebol e de outros esportes, como o boxe. O surgimento do videoteipe (ver mais no capítulo 10) fez com que programas produzidos no eixo Rio-São Paulo fossem distribuídos para outras partes do Brasil. Ainda não havia o conceito de rede nacional e nem tecnologia de satélite para isso.

A exibição ao vivo dos jogos da Copa do Mundo a partir do Chile ainda era inviável. A alternativa foi contar mais uma vez com a instantaneidade do rádio. No entanto, os VTs com os jogos eram levados ao ar com um ou dois dias de defasagem. Mesmo com atraso, pela primeira vez os brasileiros puderam assistir à íntegra dos duelos e não apenas trechos de filmes, como em 1958.

No cenário mundial, a Guerra Fria, que opunha Estados Unidos e União Soviética, capitalismo e socialismo, estava mais "quente" do que nunca. A disputa pela tecnologia espacial, a crise dos mísseis e a corrida armamentista deixaram o planeta em suspense. O muro de Berlim já existia, rasgava a Alemanha e era o símbolo da divisão mundial por meio da "Cortina de Ferro". A revista *Fatos & Fotos*, de abril de 1962, apresentava uma grande cobertura da viagem de João Goulart aos Estados Unidos, onde se encontrou com o presidente John Kennedy.

Nas telas de cinema, *O Pagador de Promessas* foi o primeiro filme brasileiro a ganhar a Palma de Ouro no Festival de Cannes, na França. No exterior, Sean Connery passou a viver na pele de James Bond, o famoso agente *007*. Outros títulos daquele ano marcaram época: *Lawrence da Arábia*, o *Sol é para todos* e *Jules e Jim*.

Na música, a "Bossa Nova" chegou aos Estados Unidos, em um concerto no Carnegie Hall, em Nova Iorque, que reuniu nomes como Antonio Carlos Jobim, João Gilberto, Roberto Menescal e muitos outros. Já na Europa, aquele ano foi o da formação definitiva de uma banda que revolucionou a música e o comportamento da juventude: Ringo Starr se juntou a Paul, John e George. O mundo, com os Beatles, nunca mais foi o mesmo.

A década de 60 foi marcada por uma revolução comportamental. Nos Estados Unidos, além da onda feminista e dos *hippies*, movimentos civis em favor dos negros e contra a Guerra do Vietnã ganharam força. O Papa João XXIII abriu o Concílio Vaticano II e mudou conceitos da Igreja Católica.

No esporte, Cassius Clay virou um *popstar* do boxe e causou polêmica ao se recusar a servir o exército americano na Guerra do Vietnã. Já o maior pugilista brasileiro, Éder Jofre, foi campeão mundial nas categorias peso-galo e peso-pena e a tenista Maria Esther Bueno continuou brilhando nas quadras.

E por falar em brilho, para a seleção brasileira permanecer no topo do futebol mundial, foi colocado em prática mais uma vez o plano vitorioso em 1958, elaborado de forma minuciosa por Paulo Machado de Carvalho, apelidado de "Marechal da Vitória".

No entanto, nem tudo foi calmaria: ganhar mais uma Copa era questão de honra e isso aflorou a vaidade dos cartolas e as disputas entre o futebol paulista e carioca, o que não tinha ocorrido quatro anos antes. Esse cenário fez com que a preparação para o mundial do Chile não ficasse livre de turbulências, polêmicas e cobranças da imprensa sobre a escalação da seleção.

Mas, os melhores jogadores do mundo eram brasileiros e o bicampeonato virou realidade.

Ainda bem!

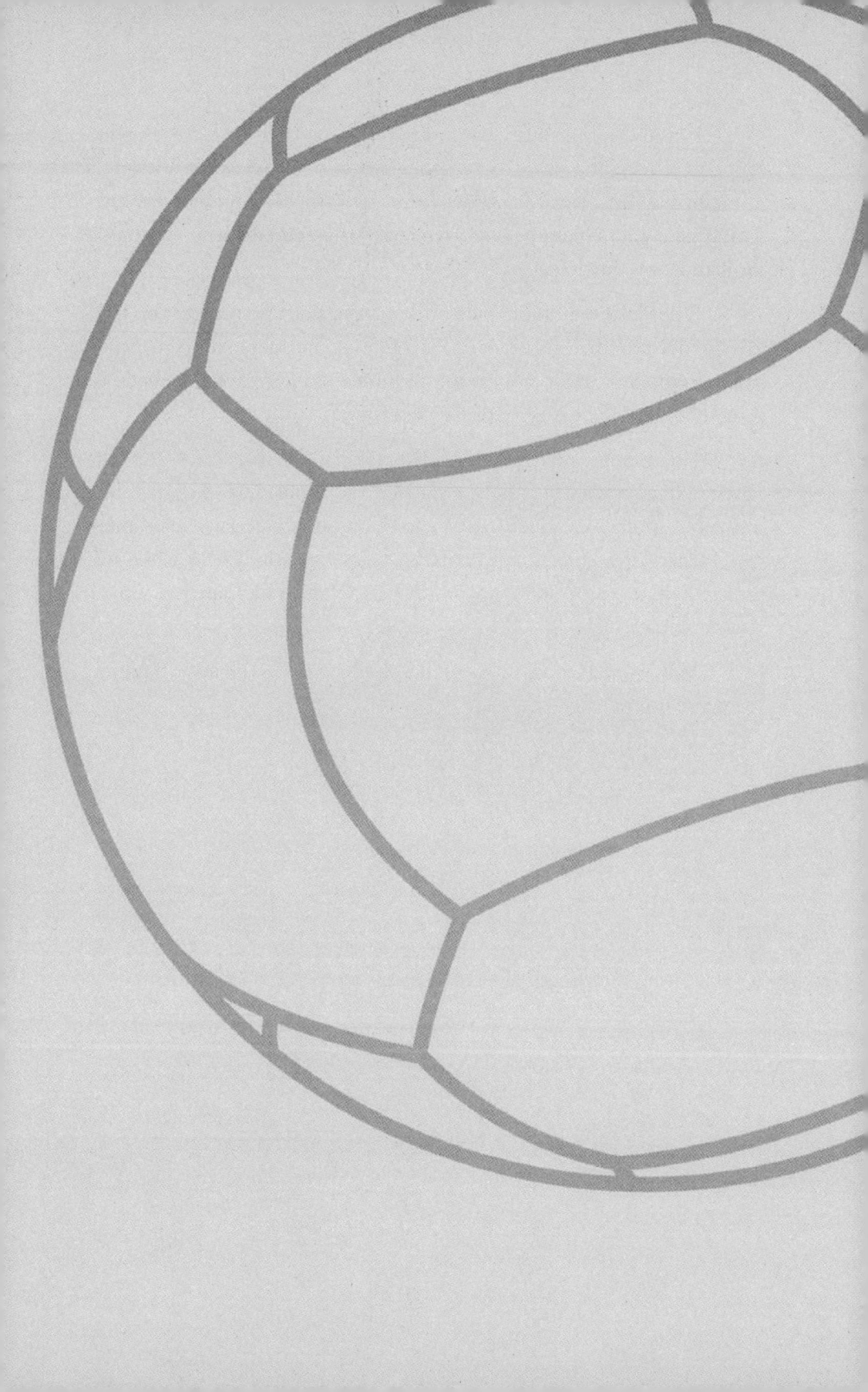

"Sofri, sim, uma violenta pressão a partir do dia em que os 41 convocados se apresentaram."

(Aymoré Moreira, em depoimento à revista *Manchete*)

A partir da esquerda: Bellini, Castilho e Gylmar em treino para Copa
(*Última Hora*/Arquivo Público do Estado de São Paulo)

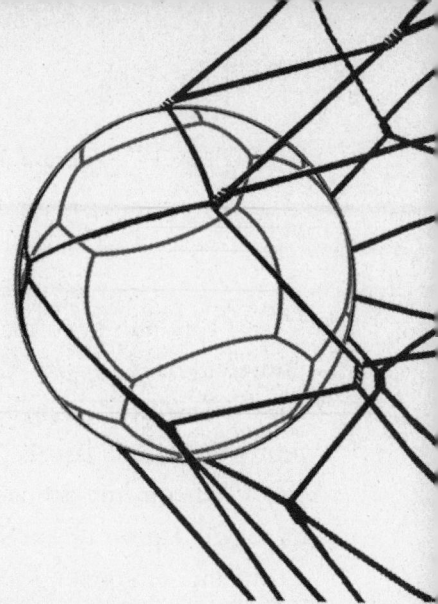

2

O clima de "já ganhou" ameaça o bi

A máxima do futebol "em time que está ganhando não se mexe" valeu mais do que nunca para a seleção brasileira que disputou a Copa de 1962, no Chile. Afinal, o que deu certo quatro anos antes deveria se repetir. A preparação para o mundial de 1958, esquadrinhada em minúcias por Paulo Machado de Carvalho, é considerada um divisor de águas na história do futebol brasileiro e foi decisiva para enterrar o "complexo de vira-latas". Depois de muitas frustrações esportivas, como a derrota para o Uruguai em pleno Maracanã, no jogo decisivo da Copa de 1950, a seleção brasileira finalmente espantou os fantasmas e voltou da Suécia, oito anos depois, com uma campanha invicta:

08.06.1958 – Brasil 3 x 0 Áustria – Copa do Mundo – Uddevalla

11.06.1958 – Brasil 0 x 0 Inglaterra – Copa do Mundo – Gotemburgo

15.06.1958 – Brasil 2 x 0 URSS – Copa do Mundo – Gotemburgo

19.06.1958 – Brasil 1 x 0 País de Gales – Copa do Mundo – Gotemburgo

24.06.1958 – Brasil 5 x 2 França – Copa do Mundo – Estocolmo

29.06.1958 – Brasil 5 x 2 Suécia – Copa do Mundo – Estocolmo

O mundo ficou maravilhado com a seleção brasileira que misturava técnica, improviso, disciplina e ofensividade. Pelé, com apenas 17 anos, e Garrincha foram apresentados aos esportistas do planeta. Os dois juntos em campo jamais perderam uma partida com a camisa nacional. Em 1958, a média de idade da equipe era de 25 anos. Em 1962, a base da seleção, apesar de envelhecida, foi mantida para a disputa no Chile e a confiança em uma nova conquista era grande. Dos onze jogadores que disputaram a final contra a Suécia, oito estavam na decisão diante da Tchecoslováquia, em Santiago.

Em 1958, Paulo Machado de Carvalho, dirigente ligado à CBD e ao São Paulo Futebol Clube, e proprietário da TV Record, foi escolhido por João Havelange, presidente da Confederação Brasileira de Futebol, para esquadrinhar um plano que acabasse com a bagunça no esporte nacional. Paulo Machado de Carvalho tinha um bom trânsito com os cartolas do Rio e de São Paulo, o que foi fundamental para que recebesse o apoio dos clubes.

O plano era detalhado, possuía cerca de 95 itens, com orientações aos jogadores e comissão técnica. A imprensa criticava, no entanto, o excesso de determinações, como as de que os atletas deveriam fazer a barba todos os dias e a imposição de horários rígidos na concentração. A indicação de profissionais que nunca tinham feito parte de uma comissão técnica, como psicólogo e dentista, também causou desconfiança. Mas Paulo Machado de Carvalho esclarecia: *"primeiro o homem e depois o craque."*

O "Marechal da Vitória" detalhou, em entrevista à TV Record: *"(...) Segundo o modo de ver de certos jornais, caiu o absolutismo do técnico dentro da nova fórmula. (...) Daremos especial destaque em campo para o capitão do selecionado, coisa que até hoje não existiu. Faremos observações antecipadas, sobre a conduta moral, física e técnica dos jogadores. Faremos coisa inédita também na América do Sul: estudos psicotécnicos dos jogadores e teremos observações e considerações especiais para o valor do indivíduo, mais que para o valor propriamente técnico dos jogadores. (...)."*

O psicólogo João Carvalhaes, que Paulo Machado de Carvalho conheceu no São Paulo e esteve na Suécia, foi substituído por Athayde Ribeiro da Silva, em 1962. No entanto, este profissional não viajou ao Chile, esteve apenas no período de preparação. O *Diário Carioca* ironizava: "*Garrincha pode dormir em paz porque o professor Carvalhaes não vai mais fazer os relatórios 'infalíveis', que andaram atrapalhando na Suécia*". Em 1958, Carvalhaes, chamado de "Freud da seleção", questionou a capacidade psicológica de jogadores como Garrincha e Pelé (por ser muito garoto), mas no fim se rendeu ao desempenho da seleção em campos suecos. E não era para menos. O que se comentava é que Paulo Machado de Carvalho não levava muito em consideração os pareceres do psicólogo, mas a presença dele ajudava, de certa maneira, a deixar os atletas "na linha".

Pelé em ação durante treinamento
(*Fundo Correio da Manhã*/Acervo Arquivo Nacional)

À exceção de Carvalhaes, a maioria dos integrantes da comissão técnica de 1958 foi mantida para 1962, como o dentista Mário Trigo, o preparador físico Paulo Amaral, o massagista Mário Américo e o roupeiro Assis. Uma das novidades foi a presença de Aristides, o "mestre sapateiro" que fazia chuteiras sob medida.

Durante a campanha vitoriosa de 1958, não há qualquer citação a desentendimentos ou excesso de vaidade por parte dos jogadores. Foi uma harmonia poucas vezes vista em uma equipe de futebol. Havia um diálogo franco e aberto entre os atletas e a comissão técnica. O grupo costumava se reunir depois do almoço e as discussões eram feitas abertamente.

A transição 58-62 não foi, entretanto, um mar de rosas, muito pelo contrário. Todos queriam tirar uma "casquinha" da imagem vitoriosa da seleção brasileira. As vaidades que foram deixadas de lado em 1958 voltaram com tudo durante a fase de preparação para o Chile. Dirigentes de São Paulo e do Rio de Janeiro buscavam espaço político e tentavam emplacar novos jogadores na equipe nacional.

Durante os quatro anos entre os dois mundiais, novos atletas foram revelados para o futebol, o que é natural. Um dos exemplos era Coutinho, companheiro de Pelé no Santos. A dupla da Vila Belmiro se tornou uma máquina de fazer gols. A imprensa de São Paulo defendia que os dois estivessem juntos na Copa e que Coutinho ocupasse o lugar do titular Vavá. Esse foi apenas um dos exemplos de pressões e críticas que surgiram na época. A imprensa questionava: os campeões deveriam ser mantidos ou teriam de dar lugar a jogadores novos que eventualmente estivessem em melhor fase?

A conquista de 1958 garantiu automaticamente a classificação da seleção brasileira para a Copa de 1962. Não houve necessidade de disputar as eliminatórias.

Feola continua no comando depois da Copa

O título inédito garantiu a permanência do técnico Vicente Feola no comando da seleção brasileira. A equipe nacional foi campeã em junho de 1958 e só voltou a campo em março de 1959 para a disputa do Sul-Americano, na Argentina. Apesar de terminar o torneio de forma invicta, os comandados de Feola ficaram em segundo lugar. A Argentina foi a campeã por causa do saldo de gols.

A manchete do *Jornal dos Sports* retratava o clima da partida decisiva: "*Empate dramático e título da Argentina*". Pizzuti, no primeiro tempo, e Pelé, no segundo, marcaram os gols no duelo que definiu o campeão e o vice do torneio, no Estádio Monumental de Núñes, em Buenos Aires. Veja a campanha brasileira:

10.03.1959 – Brasil 2 x 2 Peru – Sul-Americano – Buenos Aires

15.03.1959 – Brasil 3 x 0 Chile – Sul-Americano – Buenos Aires

21.03.1959 – Brasil 4 x 2 Bolívia – Sul-Americano – Buenos Aires

26.03.1959 – Brasil 3 x 1 Uruguai – Sul-Americano – Buenos Aires

29.03.1959 – Brasil 4 x 1 Paraguai – Sul-Americano – Buenos Aires

04.04.1959 – Brasil 1 x 1 Argentina – Sul-Americano – Buenos Aires

O jogo contra o Uruguai foi marcado por violência e briga envolvendo o genioso Almir Pernambuquinho. Depois da partida, uma autêntica batalha campal, Feola desabafou: "*Jogador brasileiro não é covarde*". "*Foi uma vitória à base da raça*", destacou o *Jornal dos Sports*.

Já na partida decisiva, contra a Argentina, o treinador brasileiro escalou a seleção assim: Gylmar, Djalma Santos, Bellini, Orlando Peçanha e Coronel; Dino Sani e Didi; Garrincha, Paulinho Valentim (Almir), Pelé e Chinesinho. Mesmo com a base formada pela equipe campeã em 1958, o Brasil não chegou ao título. Como consolo, Pelé foi o artilheiro da competição com oito gols.

A perda do título Sul-Americano representou uma ducha de água fria nos cartolas e desencadeou a primeira crise após o título, na Suécia. O chefe da delegação brasileira, na Argentina, não foi Paulo Machado de Carvalho, mas Antonio do Passo. Os dois passaram a trocar farpas pelos jornais, revelando para a torcida a guerra de bastidores. O "Marechal da

Vitória" declarou que Antonio do Passo não soube organizar o selecionado e este rebateu, dizendo que não havia se oferecido para ir à Argentina.

O *Estadão*, de 18 de abril de 1959, trazia o clima de disputa: "*Durante reunião realizada na sede da Federação Paulista de Futebol, da qual participaram o presidente da entidade, presidentes dos cinco grandes clubes paulistas e o sr. Paulo Machado de Carvalho, este último fez severas críticas à Confederação Brasileira de Desportos, da qual é vice-presidente, e condenou, com palavras ásperas, os trabalhos dos homens que chefiaram a delegação brasileira no último certame Sul-Americano. No Rio de Janeiro, ao tomar conhecimento do que disse o sr. Paulo Machado de Carvalho, o sr. Antonio do Passo, presidente da Federação Metropolitana de Futebol (...), decidiu convocar uma reunião com a imprensa especializada em esportes, a fim de dar uma entrevista contando pormenores da campanha da representação nacional em gramados argentinos (...).*"

A partir da esquerda: Paulo Amaral, Feola (centro) e o médico HIlton Gosling
(*Fundo Correio da Manhã*/Acervo Arquivo Nacional)

Antonio do Passo afirmou que Paulo Machado de Carvalho fugiu da responsabilidade e não quis assumir a chefia da delegação por temer um fracasso depois da Copa do Mundo. Em meio ao "fogo cruzado", o presidente da CBD, João Havelange, tentava ficar neutro, mas não gostou das críticas feitas por Paulo Machado de Carvalho.

O clima era pesado!

Pouco mais de um mês depois do Sul-Americano, a seleção voltou a campo para um amistoso contra a Inglaterra, no Maracanã, em um jogo que entrou para a história:

13.05.1959 – Brasil 2 x 0 Inglaterra – amistoso – Maracanã

Foi a primeira partida da equipe brasileira no país depois do título de 1958. Feola escalou a seleção assim: Gylmar, Djalma Santos, Bellini, Orlando e Nilton Santos; Dino Sani e Didi; Julinho Botelho, Henrique, Pelé e Canhoteiro. A ausência de Garrincha na partida fez com que o ponta-direita Julinho, um dos maiores nomes da história do futebol brasileiro (disputou a Copa de 1954), fosse vaiado por mais de cem mil pessoas.

Ao subir as escadas dos túneis do Maracanã em direção ao campo, Julinho tropeçou no último degrau: prenúncio de mau agouro? Definitivamente não! Aos sete minutos do primeiro tempo, o ponteiro-direito mostrou seu grande futebol e balançou as redes inglesas. Henrique marcou o segundo na vitória da seleção por 2 a 0 sobre os inventores do futebol. Ao final, Julinho Botelho foi aplaudido de pé.

Justiça seja feita!

A seleção brasileira voltou a se reunir em setembro de 1959 para dois jogos contra o Chile, pela Taça Bernardo O'Higgins:

17.09.1959 – Brasil 7 x 0 Chile – Taça Bernardo O'Higgins – Maracanã

20.09.1959 – Brasil 1 x 0 Chile – Taça Bernardo O'Higgins – Pacaembu

Castilho e Pelé
(*Última Hora*/Arquivo Público do Estado de São Paulo)

Na primeira partida, no Maracanã, um fato curioso: Pelé jogou com a camisa 9. Quarentinha, do Botafogo, ficou com a 10. Dos sete gols, o Rei balançou as redes adversárias três vezes.

Por falar em Pelé, o craque, que tinha completado 18 anos em outubro de 1958, teve de se apresentar ao Exército e, em 1959, disputou o Campeonato Sul-Americano Militar. As plateias de todo o mundo queriam ver Pelé e o Santos passou a excursionar cada vez mais pelos quatro cantos do planeta. O time da Vila Belmiro era uma máquina de fazer gols.

Em 1961, o Rei marcou aquele que ficou conhecido como "gol de placa", contra o Fluminense, no Maracanã, em um lance antológico, quando driblou sete adversários, incluindo o goleiro Castilho. O Santos se tornou o maior time do planeta, com destaque para o bicampeonato da Libertadores e do Mundial de Clubes em 1962 e 1963.

No entanto, os atletas eram submetidos a uma maratona de jogos. Entre as Copas de 1958 e 1962, Pelé entrou em campo 333 vezes, uma média de 84 partidas por ano. Mesmo com a compleição física como a dele, não há perna que aguente. Em sua autobiografia, publicada em 2006, o Rei apontava para o excesso de jogos: *"Jogar em tantas partidas acabou tendo um preço, e em fevereiro de 1961 sofri provavelmente a lesão mais grave de minha carreira até então. Estávamos jogando contra o Necaxa, na Cidade do México."*

Pelé ficou quase três semanas sem entrar em campo: *"Naquela noite [a do dia do jogo] não consegui dormir por causa das dores de cabeça e da dor nos ombros e no rosto. Todo o lado esquerdo do meu rosto estava dormente. De manhã fui levado ao hospital na Cidade do México, onde fizeram oito chapas de raios X da face e dos ombros. Não havia fratura, graças a Deus".* Infelizmente a contusão que ele teve na Copa foi mais grave do que essa no México.

A seleção principal só voltaria a se reunir em abril de 1960. Enquanto isso, equipes juvenis ou formadas por jogadores de um determinado estado, entraram em campo pelo Panamericano dos Estados Unidos, sob comando de Newton Cardoso, pelo Sul-Americano, no

Equador, quando o técnico foi Gentil Cardoso (ele convocou apenas atletas de Pernambuco), o Panamericano da Costa Rica, com o treinador Foguinho, e o Pré-Olímpico e a Olimpíada, em Roma, quando a seleção foi comandada por Antoninho.

Nos Jogos Olímpicos, a seleção ficou apenas na sexta colocação. Um dos destaques foi a participação de Gérson de Oliveira Nunes. O jovem, de 19 anos, ainda iria se consagrar como um dos maiores meio-campistas da história do futebol mundial. Ele ficou conhecido como "canhotinha de ouro" ao ser tricampeão na Copa de 1970, no México.

Sob a orientação de Feola, a seleção brasileira fez as malas para uma longa excursão no exterior:

29.04.1960 – Brasil 5 x 0 Egito – amistoso – Cairo

01.05.1960 – Brasil 3 x 1 Egito – amistoso – Alexandria

06.05.1960 – Brasil 3 x 0 Egito – amistoso – Cairo

08.05.1960 – Brasil 7 x 1 IFK Malmö – amistoso – Malmö

10.05.1960 – Brasil 4 x 3 Dinamarca – amistoso – Copenhague

12.05.1960 – Brasil 2 x 2 Internazionale – amistoso – Milão

16.05.1960 – Brasil 4 x 0 Sporting – amistoso – Lisboa

Um dos amistosos foi contra o Malmö, da Suécia, que marcou o retorno da seleção ao país europeu, palco da Copa de 1958. Os gols brasileiros foram de Pelé (3), Pepe (2), Chinesinho e Quarentinha.

Na volta ao Brasil, a seleção brasileira, sem Pelé, fez dois duelos históricos contra a Argentina e ficou com o título da Copa Roca. Apesar da derrota no primeiro jogo, na segunda partida a equipe de Vicente Feola calou o Monumental de Núñes:

25.05.1960 – Brasil 2 x 4 Argentina – Copa Roca – Buenos Aires

29.05.1960 – Brasil 4 x 1 Argentina – Copa Roca – Buenos Aires

Para o jogo decisivo, Feola escalou o Brasil assim: Gylmar, Djalma Santos, Bellini, Aldemar e Geraldo Scotto; Dino Sani e Chinesinho; Julinho, Décio Esteves (Servílio), Delém e Roberto (Sabará). Os gols foram marcados por Delém (2), atacante do Vasco da Gama, Julinho e Servílio.

Na sequência, a equipe brasileira fez um amistoso contra o Chile, no Maracanã, e, depois, conquistou a Taça do Atlântico, encerrando o ano da seleção.

29.06.1960 – Brasil 4 x 0 Chile – amistoso – Maracanã

03.07.1960 – Brasil 2 x 1 Paraguai – Taça do Atlântico – Assunção

09.07.1960 – Brasil 0 x 1 Uruguai – Taça do Atlântico – Montevidéu

12.07.1960 – Brasil 5 x 1 Argentina – Taça do Atlântico – Maracanã

Na última partida, o Brasil obteve uma das maiores vitórias da história diante da rival Argentina: 5 a 1. Pelé (2), Chinesinho, Pepe e Delém fizeram os gols no Maracanã. A goleada veio após derrota para o Uruguai e Feola poderia respirar aliviado, de acordo com *O Globo*: "*Para Feola, a única diferença entre o 'match' de ontem e o de Montevidéu esteve no aproveitamento das oportunidades.*"

Feola deixa a seleção e a CBD anuncia Aymoré Moreira

O técnico campeão mundial queria novos desafios na carreira e, no fim de 1960, resolveu aceitar um convite para deixar o Brasil e comandar o Boca Juniors, da Argentina. Desde agosto, ele já vinha sendo sondado, até por clubes italianos. O *Jornal dos Sports*, edição de 23 de dezembro de 1960, trazia em letras garrafais: "*Vicente é desde ontem técnico do Boca*". O treinador campeão foi contratado como estrela: "*Vicente Feola vai ganhar mais do que Pelé: 532 mil por mês*". Feola assinou contrato válido por dois anos e teria direito a casa e carro zero quilômetro.

Mas quem iria comandar a seleção brasileira na Copa de 1962? A pergunta foi feita a Feola pela reportagem do *Jornal dos Sports*: "*Comigo ou sem mim, a Copa poderá continuar na CBD. Não faltam bons comandantes para a seleção. Se não assumo, de novo, a responsabilidade de tomar esse comando nas mãos é porque a necessidade me obrigou a agir assim*". E acrescentou: "*Parto com o coração em pedaços, só não me confesso arrependido pelo negócio que fiz, porque pensei muito, muito mesmo antes de me inclinar pela proposta do Boca.*"

A decisão de Feola de deixar a seleção era definitiva e a CBD começou a buscar um novo técnico. O jornal *O Globo*, de 26 de dezembro, informava: "*Com a saída de Vicente Feola, contratado pelo Boca Juniors, a CBD não se precipitará na escolha do técnico para a seleção nacional*". Apesar da aparente cautela, Paulo Machado de Carvalho pressionava João Havelange por uma definição. Quanto mais cedo começasse o trabalho visando à Copa de 1962, melhor.

E a definição veio em março de 1961!

Aymoré assume o desafio do bicampeonato

Nascido em Miracema, Rio de Janeiro, Aymoré Moreira era mais explosivo e mais genioso do que o tranquilo Vicente Feola. Como jogador, começou a carreira atuando pela ponta direita no Sport Club Brasil, do Rio, time que não existe mais. No entanto, não demorou muito para assumir sua verdadeira posição: a de goleiro. Marcou época defendendo as cores do América-RJ, Palmeiras (ainda Palestra Itália) e Botafogo-RJ. Nos anos 30, Aymoré defendeu as cores da seleção brasileira. Depois de pendurar as chuteiras, treinou inúmeros clubes, em uma carreira de mais de 40 anos. Aymoré se aproximou muito de Paulo Machado de Carvalho nos anos 50, quando comandou o São Paulo. Em 1961, estava no Taubaté, do interior paulista, quando foi convidado para substituir Vicente Feola. Levava o apelido de "biscoito", uma referência aos "Biscoitos Aymoré", marca popular na época.

A decisão da CBD foi anunciada em 8 de março de 1961, conforme divulgou o jornal *O Globo*: "*As resoluções tomadas foram as seguintes: 'por indicação do vice-presidente Paulo Machado de Carvalho [decidiu-se] homologar a escolha de Aymoré Moreira para técnico da seleção de futebol para os jogos das Taças O'Higgins e Oswaldo Cruz, no corrente ano, e para a Taça do Mundo de 62, no Chile (...)"*. O *Estadão* informou: *"Aymoré Moreira foi ontem escolhido oficialmente para substituir Vicente Feola no posto de técnico da seleção brasileira de futebol. A escolha do preparador do Taubaté era esperada e foi anunciada à tarde, após uma reunião que se iniciara por volta das 11 horas"*. Ou seja, em março de 1961, Aymoré já estava confirmado para a Copa de 1962. O observador técnico da seleção, Ernesto Santos, resumiu assim a troca de comando: *"Mudando de treinador, a seleção mudou de personalidade psicológica: era gorda e tranquila, tornou-se magra e agitada"* (*O Cruzeiro*). Aymoré era irmão de Zezé Moreira, que comandou o Brasil na Copa de 1954, na Suíça.

Aymoré Moreira (à direita) conversa com os goleiros Gylmar e Castilho
(*Fundo Correio da Manhã*/Acervo Arquivo Nacional)

Em outubro de 1961, descontente com o trabalho na Argentina, Feola rompeu contrato com o Boca Juniors, e, depois de oito meses, retornou ao Brasil: "*Ontem, tornei minha decisão irrevogável e fui prontamente atendido, devido aos motivos apresentados. Devo explicar que a campanha da equipe foi a causa, mas verdadeiramente os motivos para as falhas escaparam a qualquer providência que eu pudesse tomar. Não tínhamos ataque, é a verdade principal.*" (*O Globo*)

A imprensa começou a especular que Feola poderia retomar o comando da seleção, o que não aconteceu, pois seria uma desmoralização para Aymoré Moreira. Feola se colocou à disposição da CBD, é verdade, e virou uma espécie de supervisor técnico e olheiro. Ele acompanhou, no exterior, jogos das seleções da URSS e da Hungria, que excursionaram ao Chile, Argentina e Uruguai.

Feola iria integrar a comissão técnica na Copa, mas uma fatalidade o tirou da seleção. Ele estava com o grupo na fase preparatória nas cidades de Campos do Jordão, Friburgo e Serra Negra, quando passou mal.[1] O relato está no *Jornal dos Sports*: "*Na manhã de ontem [27.04.62], o treinador Vicente Feola foi internado no Hospital Santa Catarina [na cidade de São Paulo], a fim de tentar recuperar-se para poder prestar serviços à seleção brasileira, no Chile, uma vez que sua ida está seriamente ameaçada. Como se sabe, Feola está com hipertensão arterial e agora foi acometido de violenta nefrite, que o obrigará a absoluto repouso (...).*"

Não é correto, portanto, dizer que Feola seria o técnico da seleção em 1962 se não ficasse doente. Inúmeras fontes sempre sustentaram essa informação. Resumindo: Feola realmente ficou doente, mas não seria, de qualquer maneira, o treinador do Brasil na Copa.

A preparação para a Copa: os amistosos e a convocação

Aymoré Moreira colheu bons resultados na fase preparatória da seleção brasileira. Em entrevista ao jornalista Teixeira Heizer, o treinador destacou que conhecia bem o grupo: "*Tive que organizar o time dentro de*

---

1. A seleção estava em Serra Negra quando Feola ficou doente.

uma estratégia de ocupação de espaço, sem gastos excessivos de energia. Pelo menos sete dos titulares já não eram garotos. Eles entenderam tudo. Tinham talento e experiência". Logo no início do trabalho do técnico, a equipe nacional conquistou as taças Oswaldo Cruz e Bernardo O'Higgins.

Mauro Ramos de Oliveira e Aymoré Moreira com um garotinho no colo
(*Última Hora*/Arquivo Público do Estado de São Paulo)

30.04.1961 – Brasil 2 x 0 Paraguai – Taça Oswaldo Cruz – Assunção

03.05.1961 – Brasil 3 x 2 Paraguai – Taça Oswaldo Cruz – Assunção

07.05.1961 – Brasil 2 x 1 Chile – Taça Bernardo O'Higgins – Santiago

11.05.1961 – Brasil 1 x 0 Chile – Taça Bernardo O'Higgins – Santiago

No segundo jogo contra o Chile, o gol da vitória foi marcado por Gérson, que tinha se destacado na Olimpíada. Apesar dos testes feitos por Aymoré Moreira, a base da seleção canarinho ainda era a campeã mundial. Pelé ficou de fora daquelas partidas de 1961 por causa de contusão. No último amistoso do ano, vitória diante do Paraguai, no Maracanã:

29.06.1961 – Brasil 3 x 2 Paraguai – amistoso – Maracanã

A partir da esquerda: Garrincha, Didi, Coutinho, Pelé e Pepe
(*Fundo Correio da Manhã*/Acervo Arquivo Nacional)

Contra os paraguaios, a seleção canarinho foi escalada com: Gylmar; De Sordi (Jair Marinho), Bellini, Calvet e Nilton Santos; Zito e Didi; Garrincha, Coutinho, Quarentinha (Amarildo) e Pepe (Zagallo). A imprensa não perdia a chance de questionar as escalações feitas por Aymoré. Quem deveria jogar na zaga: Bellini ou Mauro Ramos de Oliveira? E na ponta esquerda: Zagallo ou Pepe?

A primeira lista de convocados para a Copa teve 41 nomes e foi anunciada em 18 de março de 1962, faltando cerca de dois meses e meio para a estreia na Copa, contra o México. A relação de nomes tinha 23 paulistas, 17 cariocas e um gaúcho. O diretor do departamento de futebol da CBD, Alfredo Curvelo, fez o anúncio à imprensa. Abaixo a divisão por clubes:

América-RJ: Djalma e Ivan

Bangu: Zózimo

Botafogo: Joel, Nilton Santos, Rildo, Didi, Garrincha, Amarildo, Quarentinha e Zagallo

Flamengo: Carlinhos e Germano

Fluminense: Castilho, Jair Marinho e Altair

Vasco: Barbosinha

Corinthians: Nei

Palmeiras: Valdir, Djalma Santos, Aldemar, Zequinha, Julinho, Vavá e Chinesinho

Portuguesa: Jair

Santos: Gylmar, Laércio, Mauro, Zito, Calvet, Mengálvio, Coutinho, Pelé e Pepe

São Paulo: Bellini, De Sordi, Jurandir, Benê e Prado

Grêmio: Airton

Em 1958, foram chamados inicialmente 33 jogadores e, em 1962, a CBD convocou 41, número considerado exagerado pela imprensa que acusava a comissão técnica de estar agindo politicamente. Durante o trabalho de preparação, os cortes preocupavam os atletas. Afinal, somente 22 iriam para a Copa. A revista *O Cruzeiro* fazia críticas: "*Durante dois meses, a Comissão fez desse assunto [os cortes] motivação para intranquilidade de alguns jogadores*". Os presidentes dos clubes, como Athiê Jorge

Cury, do Santos, criticavam o excesso de jogadores chamados. Fadel Fadel, do Flamengo, lamentou a ausência de Gérson.

Didi (à esquerda) joga "damas" com Pelé
(*Fundo do Correio da Manhã*/Acervo Arquivo Nacional)

No dia seguinte à convocação, o selecionado brasileiro foi para Campos do Jordão, no Vale do Paraíba, interior de São Paulo, dando início à preparação para a Copa do Mundo. Além de Campos, o grupo também esteve em Friburgo (RJ) e Serra Negra (SP). As três cidades foram escolhidas por causa das temperaturas amenas, parecidas com as que os atletas iriam enfrentar no Chile.

Os exames clínicos foram feitos em Campos do Jordão, onde o grupo ficou hospedado no Hotel Vila Inglesa. Na sequência, já em abril, a delegação seguiu para Friburgo, no Rio, e foi recepcionada por uma multidão na Praça Getúlio Vargas. Os atletas se hospedaram no Hotel Paineiras e foi na cidade em que se deu a maioria dos cortes.

Na primeira dispensa saíram Ivan, Carlinhos, Prado, Barbosinha e Airton. Depois, os cortes atingiram Chinesinho, com problemas no menisco, e Julinho Botelho, com dores na virilha. A cada dispensa, a imprensa especulava e criticava as decisões da comissão técnica. O barulho aumentou quando Calvet, Djalma Dias, Germano e Quarentinha foram dispensados.

Uma reportagem de *O Cruzeiro* intitulada "*Política invade a área da seleção*" relatava as pressões externas durante a fase de preparação brasileira. "*Com bandeiras do Brasil e faixas otimistas antes do tempo (tal como em 1950), os políticos, em véspera de eleição, voltaram às concentrações, enquanto os fãs invadem os gramados para o endeusamento dos que só podem ser ídolos depois da vitória (...)*", destacou a publicação. Assim como em 1950, quando a concentração foi "invadida" por políticos, todos queriam tirar proveito dos campeões do mundo: "*Voltaram os discursos e apertos de mão, vieram as palmadinhas nas costas (...)*", segundo a revista. O goleiro Gylmar foi taxativo: "*Imagina se nós perdermos a Copa!*"

Da direita para esquerda: Julinho, Pepe e Pelé em Campos do Jordão
(*Última Hora*/Arquivo Público do Estado de São Paulo)

Para piorar o clima, a CBD começou a cobrar ingressos dos torcedores na entrada dos treinos. A medida irritou o supervisor Carlos Nascimento, que defendia portões fechados. Já no avançar de maio, a seleção chegou a Serra Negra, onde o técnico Aymoré Moreira anunciou a lista definitiva dos 22 jogadores. Assim como em 1958, foram à Copa apenas jogadores de clubes paulistas e cariocas: treze de São Paulo e nove do Rio. Do total, catorze campeões iriam tentar o bi:

Goleiros: Gylmar (Santos) e Castilho (Fluminense)

Laterais: Djalma Santos (Palmeiras), Nilton Santos (Botafogo), Jair Marinho (Fluminense) e Altair (Fluminense)

Zagueiros: Mauro (Santos), Bellini (São Paulo), Zózimo (Bangu) e Jurandir (São Paulo)

Meio-campistas: Zito (Santos), Didi (Botafogo), Zequinha (Palmeiras), Mengálvio (Santos)

Atacantes: Garrincha (Botafogo), Zagallo (Botafogo), Vavá (Palmeiras), Pelé (Santos), Jair da Costa (Portuguesa de Desportos), Coutinho (Santos), Amarildo (Botafogo) e Pepe (Santos)

Pelé (ao centro) e Didi (à esquerda) durante treino em Friburgo
(*Última Hora*/Arquivo Público do Estado de São Paulo)

Antes do embarque para Serra Negra, o *Diário Carioca* informou sobre a a programação da seleção e a doença de Feola: "*Hoje [25.04.1962], às 9 horas da manhã, a delegação brasileira viajará para a concentração de Serra Negra, no interior paulista, onde ficará hospedada no Grande Hotel Pavani, distante dois quilômetros do Rádio Hotel, onde se alojarão os jornalistas cariocas e paulistas. Para esta nova etapa do treinamento Para esta nova etapa do treinamento, a Comissão Técnica divulgou o programa que será cumprido naquela estância. O treinador Vicente Feola, componente da comissão, foi acometido de enfermidade, estando sob os cuidados do dr. Gosling"*. No entanto, dois dias depois, em 27 de abril, Feola foi transferido de Serra Negra para a capital paulista.

A comissão técnica sempre alimentou a expectativa de que Feola pudesse viajar ao Chile, mesmo com a Copa em andamento. Já em maio, o *Jornal dos Sports* trazia a palavra de João Havelange: *"O sr. João Havelange declarou-nos, ontem à tarde [04.05.1962], que o treinador Vicente Feola não tem possibilidades de acompanhar a seleção brasileira nos jogos pela Copa do Mundo. Explicou o sr. João Havelange que o estado de saúde do sr. Vicente Feola, internado há algumas semanas num hospital de São Paulo, requer muito cuidado. 'Mas ficou decidido que a comissão técnica, enquanto a delegação não deixa o país, continuará mantendo contato com o sr. Vicente Feola, procurando sempre colher seu ponto de vista', finalizou o sr. João Havelange."*

No entanto, Vicente Feola não se recuperou a tempo. Durante a Copa, os jornais publicavam fotos do supervisor técnico no hospital ouvindo os jogos da equipe brasileira.

Nova crise no futebol: punição ao Palmeiras

Faltando pouco mais de dois meses para a estreia da seleção na Copa, o futebol brasileiro mergulhou em uma crise inusitada que provocou um mal-estar entre o CND, o Conselho Nacional de Desportos, e o Palmeiras. Tudo começou quando o príncipe Philip, duque de Edimburgo, marido da rainha Elizabeth II, da Inglaterra, anunciou uma visita ao Brasil para março de 1962.

O representante da monarquia britânica queria assistir a um jogo com o Rei Pelé. A Federação Paulista de Futebol marcou então um amistoso entre

Santos e Palmeiras para o dia 18 daquele mês. O problema é que na véspera seria disputada a decisão do Rio-São Paulo entre o time alviverde e o Botafogo do Rio. Uma lei do CND determinava que um clube só poderia voltar a campo em um intervalo de 72 horas entre as partidas. Se o Palmeiras jogasse o amistoso, corria o risco de ser punido por 60 dias. Paulo Machado de Carvalho defendeu, então, que a final do Rio-São Paulo fosse adiada, mas o presidente da CBD, João Havelange, não aceitou. Outros cartolas entraram na jogada e propuseram alternativas para que o impasse fosse superado.

Depois de perder a final para o Botafogo por 3 a 1, no Maracanã, o time de Palestra Itália participou do amistoso no Pacaembu, em São Paulo, no dia seguinte. O Santos venceu o duelo por 5 a 3, com destaque claro para Pelé, que balançou as redes duas vezes e arrancou aplausos do príncipe Philip.

O CND anunciou então a suspensão do Palmeiras por dois meses. O jornal *O Globo*, de 20 de março de 1962, trouxe a manchete: "*Crise no futebol depois da punição do Palmeiras*". A publicação relatou as ameaças feitas por Paulo Machado de Carvalho: "*Imediatamente, Paulo Machado de Carvalho declarou que estava solidário ao Palmeiras, entregando a chefia da delegação e a vice-presidência da entidade [CBD] a João Havelange, dizendo-se também suspenso por 60 dias, não podendo mais trabalhar pelo 'scratch'*". No mesmo dia do anúncio da punição, foi divulgada a lista definitiva dos convocados para a Copa.

Em meio às ameaças de Paulo Machado de Carvalho de não viajar ao Chile, o clima ficou insuportável quando clubes cogitaram não liberar jogadores para a seleção. Entretanto, depois de muito barulho e pressão, a cartolagem de São Paulo conseguiu uma vitória parcial, considerada satisfatória. O Conselho Nacional de Desportos abrandou a pena do Palmeiras para trinta dias e tudo acabou sendo esquecido.

Os últimos amistosos e o embarque para o Chile

Com a seleção já reunida, o técnico Aymoré Moreira aproveitou os amistosos preparatórios para definir os onze titulares. Pela Taça Oswaldo Cruz, a equipe nacional mostrou que estava em dia com a pontaria, com duas goleadas diante do Paraguai:

21.04.1962 – Brasil 6 x 0 Paraguai – Taça Oswaldo Cruz – Pacaembu

24.04.1962 – Brasil 4 x 0 Paraguai – Taça Oswaldo Cruz – Pacaembu

No primeiro jogo, no Maracanã, Aymoré escalou Bellini, na zaga, Coutinho como centroavante, e não Vavá, e Pepe no lugar de Zagallo, na ponta esquerda. Já na vitória por 4 a 0, outros testes foram feitos: Castilho; Djalma Santos, Bellini, Jurandir e Altair; Zito (Zequinha) e Mengálvio (Benê); Garrincha, Coutinho (Vavá), Pelé (Amarildo) e Pepe (Zagallo).

Na sequência, os comandados de Aymoré Moreira derrotaram Portugal e o País de Gales, também em jogos em São Paulo e no Rio:

06.05.1962 – Brasil 2 x 1 Portugal – amistoso – Pacaembu

09.05.1962 – Brasil 1 x 0 Portugal – amistoso – Maracanã

12.05.1962 – Brasil 3 x 1 País de Gales – amistoso – Maracanã

16.05.1962 – Brasil 3 x 1 País de Gales – amistoso – Pacaembu

Em 1958, a seleção do País de Gales deu muito trabalho aos brasileiros no confronto pelas quartas de final, quando Pelé fez o gol salvador. Já no primeiro jogo treino, no Maracanã, em maio de 1962, a torcida vaiou a seleção.

No último amistoso antes do embarque para o Chile, no Pacaembu, também contra o País de Gales, Aymoré dava mostras de que ainda tinha dúvidas sobre o time titular: Gylmar, Djalma Santos, Mauro Ramos de Oliveira, Jurandir e Nilton Santos; Zequinha, Didi, Jair da Costa (Garrincha) e Coutinho (Vavá); Pelé e Zagallo. Nesse dia, Nilton Santos completou 37 anos e, apesar da idade, aceitou o desafio de jogar mais uma Copa. Quem o convenceu a disputar o mundial foi o médico Hilton Gosling. *O Globo* trazia uma nota curiosa: "*O jogador mais velho da Taça do Mundo é o brasileiro Nilton Santos, com 37 anos, e o 'broto' da parada do futebol é o italiano Gianni Rivera, com 18 anos*". Ainda no jogo no Pacaembu, contra o País de Gales, Vavá entrou durante o primeiro tempo e abriu o placar. A imprensa promovia uma guerra de nervos entre Vavá e Coutinho, dizendo que Pelé preferia o companheiro do Santos.

As pressões eram grandes!

Garrincha (à esquerda) e Vavá (no centro e ao fundo), durante treino no Maracanã (*Última Hora*/Arquivo Público do Estado de São Paulo)

A viagem para o Chile estava marcada para 20 de maio, um domingo, dez dias antes da estreia, enquanto que, na véspera, 19, o governador do Estado da Guanabara, Carlos Lacerda, ofereceu um jantar para a delegação brasileira. Mané Garrincha se encantou com um pássaro Mainá que ficava em uma gaiola do Palácio Guanabara. O governador prometeu dar a ave a Garrincha, caso o Brasil conquistasse a Copa. Na sequência, ainda naquela noite, também no Rio, os jogadores foram recebidos pelo embaixador do Chile.

No dia seguinte, às 10 da manhã, a delegação partiu do Galeão rumo a Brasília. O presidente João Goulart foi recepcionar os atletas no aeroporto e, em seguida, ofereceu almoço na Granja do Torto, às 14h30. Uma das cenas marcantes daquele encontro foi quando Pelé segurou no colo os filhos de Jango, Denize e João Vicente. Depois do almoço, o presidente foi se despedir da delegação no aeroporto. A aeronave seguiu, então, em direção a Viracopos, Campinas. De lá, alguns jogadores conversaram, por telefone, com Vicente Feola, internado em São Paulo.

O aeroporto foi pequeno para comportar milhares de torcedores que tentavam a todo custo chegar perto dos craques. A revista *Gazeta Esportiva Ilustrada* traduziu o clima de euforia: "*(...) o aeroporto de Viracopos foi pequeno demais para comportar o grande público que foi levar seu 'adeus' à seleção de ouro. A confiança irrestrita de todo o Brasil estava lá, representada por milhares de pessoas, momentos antes do jato da 'Panair' levantar voo com destino a Viña del Mar, território chileno e palco das partidas do Brasil (...).*"

A superstição de Paulo Machado de Carvalho se fez mais presente do que nunca, antes da viagem ao Chile. Além de vestir o terno marrom de quatro anos antes, o dirigente fez questão de fretar o mesmo avião que levou o Brasil à Suécia, em 1958: o DC-7 da Panair. O comandante Guilherme Bungner, agora trabalhando na Varig, também tinha que estar presente.

Mas, por um detalhe, as coisas foram diferentes, como contou Pelé em sua autobiografia: "*O dr. Paulo queria que tudo fosse exatamente como em 1958. Era um homem supersticioso de verdade, e desde a vitória de 1958 só usava ternos marrons, para dar sorte. A única coisa que ele não conseguiu garantir foi bom tempo durante o voo. Quando cruzamos os Andes, enfrentamos muita turbulência. A maioria dos jogadores entrou em pânico, mas eu não me alterei. Acredito em Deus: se tivéssemos que morrer, então que morrêssemos. De que adianta ficar com medo? Eu me limito a rezar e esqueço o problema. Os outros estavam fora de si, diziam que eu era louco (...).*"

Apesar das turbulências, que também não faltaram durante a Copa, a seleção brasileira partiu rumo ao Chile com o objetivo de manter a hegemonia no futebol mundial. Outro desafio seria igualar a façanha da Itália que, até então, era a única a conquistar dois títulos mundiais consecutivos (1934 e 1938). O Uruguai também era bi, mas não foram vitórias seguidas (1930 e 1950).

Vavá e Didi de malas prontas
(*Fundo Correio da Manhã*/Acervo Arquivo Nacional)

Delegação do Brasil na Copa de 1962

Chefe: Paulo Machado de Carvalho

Supervisor: Carlos Nascimento

Tesoureiro: Ronald Vaz Moreira

Superintendente: Mozart Machado

Secretário: Adolfo Marques

Administrador: José de Almeida

Jornalista: Ricardo Serran

Técnico: Aymoré Moreira

Preparador físico: Paulo Amaral

Observador técnico: Ernesto dos Santos

Médico: Hilton Gosling

Dentista: Mário Trigo Loureiro

Massagista: Mário Américo

Auxiliar: Francisco de Assis (roupeiro)

Jogadores embarcam para o Chile
(*Última Hora*/Arquivo Público do Estado de São Paulo)

Jogadores

Goleiros: Gylmar dos Santos Neves (Santos) e Castilho (Fluminense)

Zagueiros: Bellini (Vasco), Zózimo (Bangu), Mauro (São Paulo) e Jurandir

Laterais: Djalma Santos (Palmeiras), Jair Marinho (Fluminense), Nilton Santos (Botafogo) e Altair (Fluminense)

Meio de campo: Zito (Santos), Didi (Botafogo), Zequinha (Palmeiras) e Mengálvio (Santos)

Pontas e atacantes: Pelé (Santos), Garrincha (Botafogo), Zagallo (Botafogo), Vavá (Palmeiras), Coutinho (Santos), Jair da Costa (Portuguesa), Amarildo (Botafogo) e Pepe (Santos)[2]

---

2. Numeração dos jogadores: Gylmar - 01; Castilho - 22; Bellini - 13; Zózimo - 5; Mauro - 3; Jurandir - 14; Djalma Santos - 2; Jair Marinho - 12; Nilton Santos - 6; Altair - 15; Zito - 4; Didi - 8; Zequinha - 16; Mengálvio - 17; Pelé - 10; Garrincha - 7; Zagallo - 21; Vavá - 19; Coutinho - 9; Jair da Costa - 18; Amarildo - 20; Pepe - 11.

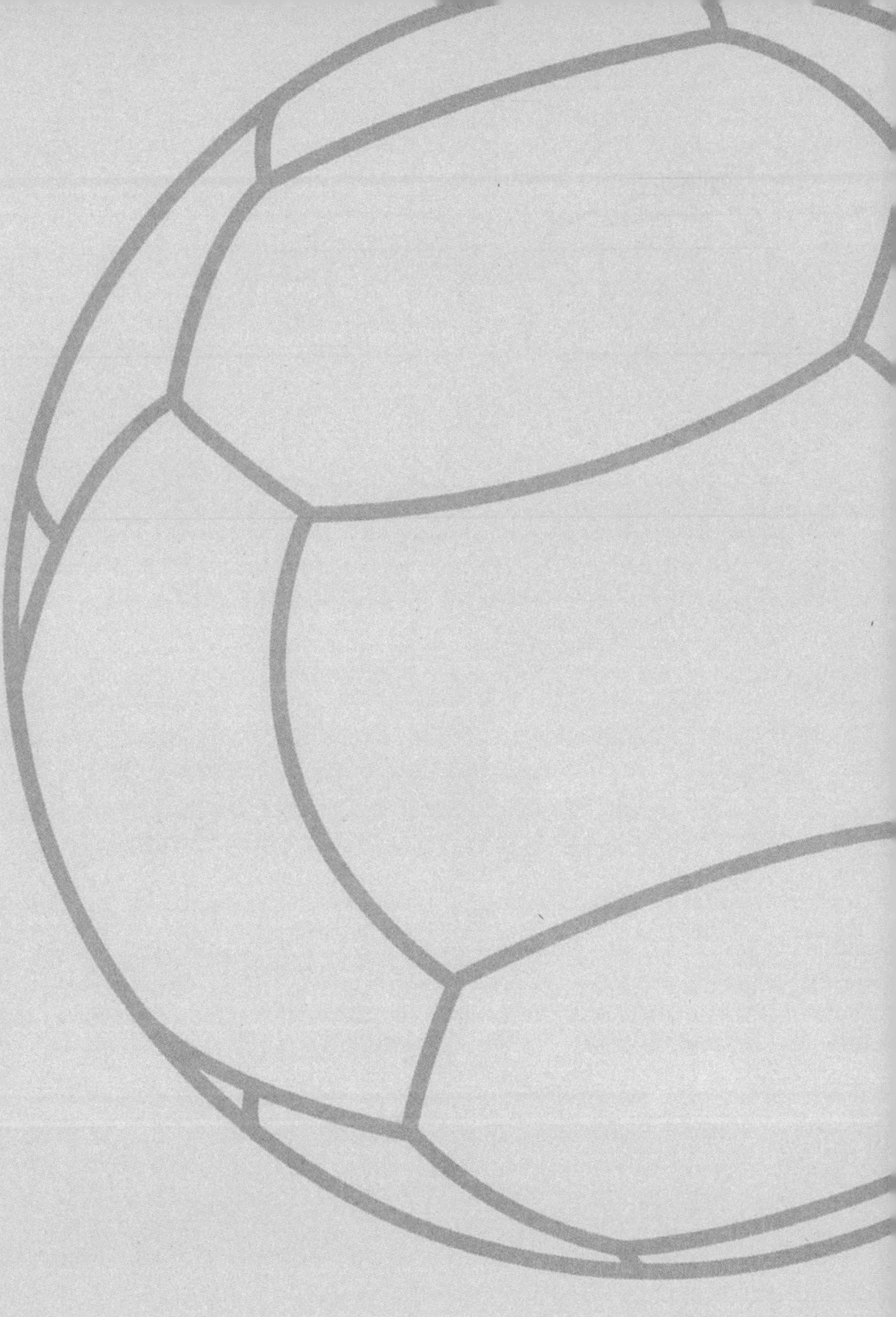

"Porque nada temos, faremos tudo."
(Frase atribuída a Carlos Dittborn, responsável pela organização da Copa de 1962)

O presidente da FIFA, Stanley Rous, discursa na abertura da Copa
(*Fundo Correio da Manhã*/Acervo Arquivo Nacional)

3

A Copa volta para a América do Sul

Determinado, obsessivo e empenhado em organizar a Copa. Quando se fala sobre o mundial de 1962, é inevitável citar a figura de Carlos Dittborn. Nascido no Rio de Janeiro, ele era filho de Eugenio Dittborn, cônsul chileno que morava desde os anos 20 no Brasil. A família retornou ao Chile quando Carlos Dittborn tinha apenas quatro anos de idade. Construiu uma longa carreira como dirigente no Deportivo Universidad Católica. Em meados dos anos 50, assumiu a presidência da Federação de Futebol do Chile.

Carlos Dittborn começou a lutar pela candidatura chilena como país sede da maior competição do futebol e o trabalho árduo foi recompensado. A FIFA escolheu o Chile para receber a sétima Copa do Mundo, programada para 1962. A indicação veio em 10 de julho de 1956, durante um Congresso da FIFA, em Lisboa, Portugal. A Argentina também pleiteava receber o torneio, mas perdeu a briga. Foram 32 votos favoráveis ao Chile (que tinha o apoio do Brasil), 10 para a candidatura dos argentinos e 14 abstenções. Espanha e Alemanha também sonhavam em receber a Copa, mas foram vetadas, pois a FIFA não queria a competição na Europa pela terceira vez seguida.

Depois de 12 anos, um país sul-americano voltou a organizar o maior espetáculo da terra. A FIFA, normalmente, intercala os continentes a cada edição, mas em 1954 e 1958 a Copa foi organizada, na sequência, por países europeus: Suíça e Suécia. A última competição na América tinha sido no Brasil, em 1950, em um torneio de más recordações para o futebol nacional.

O Chile deu início, então, à preparação e os trabalhos iam a todo vapor quando, em maio de 1960, o país foi sacudido por um dos maiores terremotos da história. O chamado Sismo de Valdivia chegou a 9,5 graus na escala Richter, atingindo dezenas de cidades chilenas. Além das milhares de mortes, cerca de um quarto da população ficou desabrigada.

Como seguir com os preparativos para a Copa diante dessa tragédia sem precedentes? Foi aí que nasceu a frase histórica atribuída a Carlos Dittborn: *"Porque nada temos, faremos tudo"*. Em depoimento ao livro *Histórias Secretas do Futebol Chileno*, Pablo Dittborn, filho do dirigente, declarou: *"Eu perguntei à minha mãe, Juanita, e ela confirmou que meu pai nunca mencionou essas palavras. Tratava-se do título de uma entrevista no 'El Mercurio' [jornal chileno]"*. Independentemente da autoria ou não, a frase está associada a Carlos Dittborn.

Realmente tudo foi feito.

O dirigente buscava dar ânimo aos integrantes do comitê organizador. Entretanto, quis o destino que Carlos Dittborn não visse de perto seu legado. O dirigente, de 38 anos, que lutou tanto pela Copa, morreu no dia 28 de abril de 1962, vítima de um infarto, cerca de um mês antes do início da competição. Em homenagem a ele, a célebre frase foi estampada no placar dos estádios. Apesar do impacto causado pela morte de Carlos Dittborn, os organizadores seguiram em frente e o sonho dele virou realidade.

Tinha que virar!

Os trinta e dois jogos foram disputados em quatro cidades chilenas. Duas delas ganharam novos estádios: Arica (Estádio Carlos Dittborn) e Rancágua (Estádio Braden, atual El Teniente). Em Viña del Mar, o acanhado Sausalito, inaugurado em 1929, passou por reforma. A estrutura, com capacidade para 25.000 pessoas, recebeu os quatro primeiros jogos da seleção brasileira. Mas a grande praça de esportes da Copa foi o Estádio Nacional de Santiago, inaugurado no fim dos anos 30. Reformado e ampliado para a competição, passou a oferecer quase 80.000 lugares.

Placar em Viña del Mar
(*Última Hora*/Arquivo Público do Estado de São Paulo)

O Chile, país de, na época, quase oito milhões de habitantes, acolheu bem os turistas e os profissionais que viajaram para cobrir a competição. Apesar do inverno, com temperatura média de dez graus, a maioria dos jogos foi disputada com sol, sempre no meio da tarde. Os atletas usavam camisas com mangas longas para amenizar o frio. O país era presidido por Jorge Alessandri, que também não poupou esforços governamentais para o sucesso da competição.

A fórmula de disputa foi a mesma do mundial de 1958, na Suécia: dezesseis seleções, divididas em quatro grupos. As duas primeiras de cada chave passavam para a fase de "mata-mata": quartas, semifinais e a decisão. O Brasil, atual campeão, e o Chile estavam automaticamente classificados. As demais catorze vagas foram disputadas entre cinquenta e seis países na fase de eliminatórias.

O Brasil, a Argentina e o Uruguai, as três principais forças da América do Sul, voltaram a participar juntos de uma Copa, o que não ocorria desde a primeira edição, em 1930. Chile, Colômbia e México completaram as seleções das Américas.

Entre os europeus, a França, tão badalada em 1958, na Suécia, quando ficou em terceiro lugar, foi eliminada nas eliminatórias em um grupo vencido pela Bulgária. Uma surpresa! Os suecos, vice-campeões, também não foram ao Chile.

Por outro lado, a bicampeã Itália retornava ao mundial depois de oito anos. Outra equipe que voltava à Copa era a Espanha, após doze anos. Todos os campeões mundiais, na época, estiveram no Chile: Uruguai, Itália, Brasil e Alemanha.

Sorteio dos grupos e o início da Copa

Em 18 de janeiro de 1962, uma quinta-feira, o pugilista Éder Jofre reconquistou o título de campeão mundial em uma luta contra o irlandês Johnny Caldwell, no Ginásio do Ibirapuera, em São Paulo. No mesmo dia, em Santiago, do Chile, os principais cartolas do futebol mundial se reuniram no Hotel Carrera para o sorteio dos grupos da Copa. O presidente da FIFA, o inglês Stanley Rous, e o integrante brasileiro no Comitê Organizador, Luís Murgel, estavam na cerimônia.

De acordo com o *Estadão*, o presidente da CBD, João Havelange, *"fez questão de desaprovar os pronunciamentos procedentes de Santiago do Chile, segundo os quais o Brasil, depois de conhecido o sorteio, podia ser apontado como o virtual campeão do certame"*. O cartola repudiava o clima de "já ganhou".

Autoridades durante sorteio dos grupos da Copa
(*Fundo Correio da Manhã*/Acervo Arquivo Nacional)

Quadro com os grupos da Copa
(*Fundo Correio da Manhã*/Acervo Arquivo Nacional)

A Copa começou com quatro partidas simultâneas em 30 de maio: Uruguai x Colômbia, Chile x Suíça, Brasil x México e Argentina x Bulgária. A cerimônia inaugural se deu diante de 77.000 espectadores no Estádio Nacional, onde iriam jogar os donos da casa, segundo relato do *Estadão*: "*A cerimônia de abertura do Campeonato Mundial de Futebol não durou mais de cinco minutos. O presidente da República do Chile, Jorge Alessandri, com um discurso breve, declarou aberto o certame às 15 horas (16 horas no Brasil). Antes do presidente, falaram Stanley Rous, presidente da FIFA, e Juan Goñi, presidente da Federação Chilena de Futebol*". Carlos Dittborn foi homenageado: "*Dois filhos de Carlos Dittborn, principal organizador do campeonato, falecido há um mês, hastearam a bandeira chilena no mastro principal. As solenidades foram iniciadas às 13h50 (14h50 do Brasil), com apresentação de números de canto e dança folclóricos chilenos, por um grupo 'huasos' e pela banda da Escola Militar.*"

O áudio da cerimônia no Estádio Nacional foi transmitido diretamente para os alto-falantes dos estádios em Arica, Viña del Mar e Rancágua. Terminada a festa, estava tudo pronto para o início da Copa. Nem tudo! O duelo dos chilenos começou com dez minutos de atraso, pois o árbitro não encontrou, inicialmente, a bola oficial. Os demais jogos tiveram início no horário marcado e o primeiro gol do mundial foi marcado pelo argentino Facundo, aos três minutos da etapa inicial, na vitória diante da Bulgária por 1 a 0.

Os jogos da Copa, principalmente os da primeira rodada, foram marcados por violência, a ponto de o Comitê Disciplinar convocar uma reunião de urgência com os árbitros. Vale lembrar que ainda não havia cartões amarelo e vermelho e as expulsões eram verbais. Não necessariamente o atleta retirado de campo pelo árbitro estaria suspenso automaticamente na partida seguinte. Isso dependeria de um julgamento.

O jogo que virou símbolo do "pugilato" daquele mundial foi entre Chile e Itália, no Estádio Nacional, pela segunda rodada. A partida, uma das mais violentas em todos os tempos, ficou conhecida como a "Batalha de Santiago". Segundo a *Revista do Esporte*, um jornal de Valparaíso estampou na capa: "*Este Mundial é um hospital.*"

Depois da vitória do Brasil em 1958, os europeus falavam em ressurreição do futebol do continente em 1962, mas não foi o que aconteceu. A revista *Manchete* salientava: "*Os europeus compareceram a esta Copa do Mundo anunciando uma ressurreição tática do seu futebol. Até agora, entretanto, provaram, apenas, que o jogo duro do qual sempre se valeram, deu lugar a uma desenfreada onda de violência. Cumpridas as primeiras rodadas do torneio, muitos jogadores foram obrigados a retornar a seus países, vítimas de contusões irrecuperáveis.*"

Vendedor exibe *souvenirs* da Copa
(*Última Hora*/Arquivo Público do Estado de São Paulo)

Abaixo os grupos e os detalhes dos duelos da primeira fase.

Grupo 1 (Arica)
Uruguai, Colômbia, URSS e Iugoslávia

Uruguai 2 x 1 Colômbia

URSS 2 x 0 Iugoslávia

Iugoslávia 3 x 1 Uruguai

URSS 4 x 4 Colômbia

URSS 2 x 1 Uruguai

Iugoslávia 5 x 0 Colômbia

O grupo de Arica tinha como destaques a URSS e o Uruguai, bicampeão mundial. A equipe "Celeste", comandada por Juan Carlos Corazzo, venceu a Colômbia, mas perdeu para a Iugoslávia e URSS e foi eliminada na primeira fase. Um dos grandes nomes do Uruguai era Pedro Rocha, que marcou época no São Paulo e disputava, em 1962, sua primeira Copa de um total de quatro.

Já a URSS, treinada por Gavriil Kachalin, contava com remanescentes do mundial anterior, como o lendário goleiro Yashin, o "aranha negra", e Igor Neto. Os soviéticos ficaram em primeiro no grupo, com vitórias sobre Iugoslávia e Uruguai e um tropeço diante dos aguerridos colombianos. Nesse jogo, a URSS chegou a estar à frente no placar: 4 a 1, mas cedeu o empate. O árbitro brasileiro João Etzel Filho admitiu que deu uma "força" à Colômbia por ser contra os "comunistas". De qualquer forma, a reação colombiana foi surpreendente, depois de sofrer três gols em três minutos. Um lance da partida entrou para a história: Coll, da Colômbia, marcou um gol olímpico, o que desestabilizou os soviéticos. O goleiro Yashin ficou irritado com Chokheli, pois a bola passou entre o defensor e a trave.

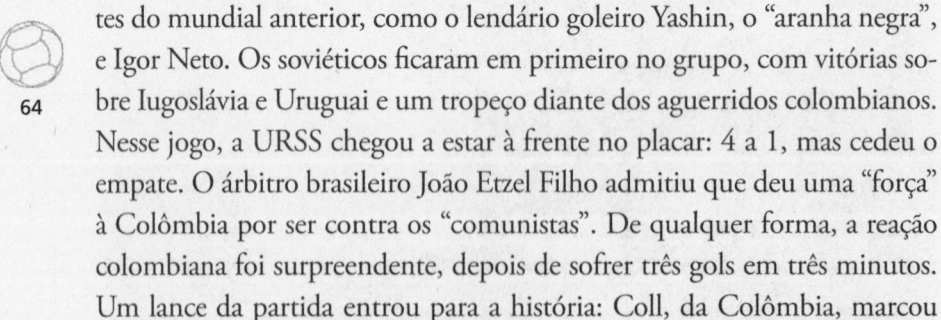

A segunda classificada foi a Iugoslávia. No entanto, na estreia, a tradicional seleção europeia perdeu para a URSS, em uma reedição da final da primeira Copa Europeia de Seleções, vencida pelos soviéticos, em 1960.

Em Arica, o destaque negativo na partida foi a entrada maldosa de Mujic, capitão iugoslavo, em Dubinsky, que fraturou a tíbia e o perônio. O árbitro não tomou nenhuma atitude. Depois da derrota, a Iugoslávia passou pelo Uruguai, 3 a 1, e goleou a Colômbia por 5 a 0, em um duelo que entrou para história por uma questão curiosa. A FIFA sempre reconheceu seis jogadores como artilheiros da Copa de 1962, com quatro gols cada: Jerkovic, da Iugoslávia, Vavá e Garrincha, do Brasil, Leonel Sánchez, do Chile, Albert, da Hungria e Iwanow, da União Soviética. No entanto, foi feito um estudo com base nas imagens da vitória dos iugoslavos diante da Colômbia e se constatou que um gol atribuído a Galic foi, na verdade, marcado por Drazan Jerkovic. O atleta de origem croata fez três gols naquela partida e não dois. Ou seja, ele balançou as redes adversárias cinco vezes na Copa e passou a ser o artilheiro isolado.

Grupo 2 (Santiago)
Chile, Itália, Alemanha e Suíça

Chile 3 x 1 Suíça

Alemanha 0 x 0 Itália

Chile 2 x 0 Itália

Alemanha 2 x 1 Suíça

Alemanha 2 x 0 Chile

Itália 3 x 0 Suíça

Com muita raça, bons jogadores e apoio da torcida, o Chile conseguiu a classificação para as quartas de final da Copa, em segundo lugar no grupo. Os comandados de Fernando Riera estrearam com vitória, de virada, diante do "ferrolho suíço" por 3 a 1. O destaque da partida foi Leonel Sánchez, um dos maiores nomes da história do futebol chileno e que balançou as redes adversárias duas vezes. Na partida seguinte, mais uma vitória dos donos da casa, agora diante da Itália. No entanto, o jogo entrou para os anais da história pela porta dos fundos. Mais de 65 mil torcedores presentes ao Estádio Nacional assistiram a um dos jogos mais violentos de todos os tempos.

Logo no começo do duelo, o chileno Landa e o italiano Ferrini trocaram pontapés. O árbitro Kenneth Aston, da Inglaterra, expulsou apenas Ferrini. Os italianos protestaram, cercaram o juiz e a partida ficou interrompida. Ainda no primeiro tempo, uma briga entre o chileno Leonel Sánchez e o ítalo-argentino Humberto Maschio desencadeou mais violência. O atleta do Chile estava caído na lateral e começou a ser chutado pelo adversário. Leonel Sánchez, filho de um boxeador, levantou-se e deu um soco no italiano, que fraturou o nariz! O árbitro não tomou nenhuma providência e a partida ficou interrompida novamente. Leonel Sánchez foi atingido ainda por Mario David, que acabou expulso. O primeiro tempo durou 72 minutos! Na etapa final, a Itália, com dois homens a menos, não conseguiu evitar a derrota. O Chile, que não teve ninguém expulso, venceu o duelo por 2 a 0, gols de Ramirez e Toro. As duas seleções deixaram o campo escoltadas.

O clima de tensão foi provocado por causa de críticas da imprensa italiana ao Chile. Em um artigo publicado por um diário da Itália, o jornalista Corrado Pizzinelli atacou a falta de estrutura do país organizador da Copa, criticou os hotéis e rotulou a capital Santiago de "*cidade escura e com tristes subúrbios*". Cópias do texto foram distribuídas pelas ruas do Chile e os torcedores locais ficaram revoltados. O *Corriere della Sera* colocou "lenha na fogueira" ao publicar uma reportagem lamentando que o campeonato estava sendo disputado a 13 mil quilômetros da Itália.

Na última rodada, o Chile perdeu para a Alemanha por 2 a 0, gols de Szymaniak e Seeler. Os alemães já tinham derrotado os suíços e empatado com a Itália, 0 a 0, em uma partida também marcada pela violência. O placar sem gols entre os campeões mundiais frustrou as expectativas, pois a torcida esperava assistir a um espetáculo técnico. A Alemanha, que ficou em primeiro lugar na chave, ainda era treinada por Sepp Herberger, técnico campeão da Copa de 1954 e conhecido como "mago". A equipe, entretanto, passava por um processo de renovação.

Por outro lado, a Itália, que tinha ficado de fora da Copa de 1958, retornou ao mundial, mas nem passou da primeira fase. A vitória contra a Suíça não foi suficiente para manter a *Azzurra* na competição. Os italianos apostavam em um trio *"oriundi"*: os argentinos Sivori e Maschio e o brasileiro José João Altafini, campeão do mundo em 1958.

A revista *O Cruzeiro* destacava: *"Na Copa de 58 se chamava Mazzola. Nesta de 62 se chama Altafini"*. Isso é curioso porque na Suécia, o brasileiro, nascido em Piracicaba, interior de São Paulo, era chamado pelo apelido de "Mazzola", homenagem ao grande craque do passado da Itália. Agora, atuando com a camisa italiana, era conhecido pelo nome de batismo: Altafini. Falando com sotaque, o atleta dizia que não teria problema se enfrentasse a seleção canarinho. No entanto, a Itália, treinada por Paolo Mazza, caiu pelas tabelas. Mazzolla entrou em campo nas duas primeiras partidas do mundial. O jogador marcou época no Palmeiras e, durante a Copa de 1958, foi negociado com o Milan.

Os italianos gostavam de segredos. Eles treinavam na Escola Chilena de Aviação a portas fechadas e com vigilância militar.

Para que tanto segredo? Não deu em nada!

Grupo 3 (Viña del Mar)
Brasil, Tchecoslováquia, Espanha e México
Brasil 2 x 0 México

Tchecoslováquia 1 x 0 Espanha

Brasil 0 x 0 Tchecoslováquia

Espanha 1 x 0 México

Brasil 2 x 1 Espanha

México 3 x 1 Tchecoslováquia

A *Revista do Esporte* informava que a Espanha era formada por uma "legião estrangeira". Assim como a Itália, os espanhóis apostavam em atletas de outros países: os "oriundos". O jornal *Última Hora* apontava: *"A Espanha como legião estrangeira pode ser um perigo"*. A atitude da

Espanha de facilitar a naturalização de jogadores era vista com reservas pelo mundo do futebol. O craque húngaro Puskás, destaque da Copa de 1954, disputou o mundial de 1962 pela "fúria", pois a FIFA ainda não proibia a prática. Além dele, o argentino Alfredo Di Stéfano, uma lenda do Real Madrid, e o uruguaio Santamaría, compunham a "legião estrangeira". O próprio treinador não era espanhol: Helenio Herrera era nascido na Argentina. No entanto, depois da eliminação da equipe na primeira fase da Copa, a imprensa espanhola atacou os jogadores estrangeiros e defendeu que o futebol do país só contasse com os craques locais. A Espanha estreou com derrota para a Tchecoslováquia, venceu o México e perdeu para o Brasil (como veremos no capítulo 6), ficando em último lugar na chave.

Já a Tchecoslováquia, vice-campeã mundial de 1934, tinha jogadores habilidosos, como Masopust. A comissão técnica do Brasil sabia que a equipe adversária era uma das mais difíceis de se enfrentar. O técnico Rudolf Vytlačil prometia encarar os brasileiros de igual para igual, tanto é que arrancou um empate por 0 a 0 no jogo em que Pelé se contundiu e não mais jogou na Copa. Os tchecos venceram a Espanha e foram surpreendidos pelo México, mas garantiram a classificação em segundo lugar, atrás do Brasil. Um dos destaques do México era o veterano goleiro Carbajal, que disputou cinco Copas: 50, 54, 58, 62 e 66.

Grupo 4 (Rancágua)

Argentina, Bulgária, Hungria e Inglaterra

Argentina 1 x 0 Bulgária

Hungria 2 x 1 Inglaterra

Inglaterra 3 x 1 Argentina

Hungria 6 x 1 Bulgária

Argentina 0 x 0 Hungria

Bulgária 0 x 0 Inglaterra

Em um grupo muito equilibrado, em Rancágua, a Hungria terminou na liderança. A equipe comandada por Lajos Baróti não era, no entanto, nem a sombra do inesquecível esquadrão húngaro vice-campeão da Copa de 1954. Em um campo encharcado, o time estreou com vitória diante da Inglaterra, com destaque para Tichy e Albert, autores dos gols. Depois, a Hungria goleou a Bulgária por 6 a 1, no maior placar da Copa, e empatou sem gols com a Argentina.

Já os ingleses, que chegaram ao Chile com a arrogância típica de inventores do futebol, eram badalados pela imprensa britânica, mas a seleção estava sendo renovada e não era tão forte assim. Bobby Charlton e Bobby Moore (capitão inglês no título mundial de 1966) estavam entre os grandes nomes do *English Team*. Depois da derrota para a Hungria, em jogo disputado debaixo de chuva, a Inglaterra obteve uma boa vitória contra a Argentina: 3 a 1. A equipe europeia sabia que um simples empate no terceiro jogo já seria suficiente para a classificação e foi o que aconteceu: 0 a 0 contra a Bulgária.

Destaque negativo foi o desempenho da Argentina, treinada por Juan Carlos Lorenzo, que sofria muita pressão da imprensa do país. A equipe sul-americana contava com revelações como Rubén Sosa, Ramos Delgado, Rattín e Sanfilippo. Com uma vitória, um empate e uma derrota, a Argentina não passou da primeira fase.

Clima de expectativa em Quilpué

A chegada da seleção brasileira ao Chile, na noite do dia 20 de maio, foi marcada por festa e confusão no desembarque. *"Apesar do frio e do adiantado da hora (onze da noite), mais de cinco mil pessoas foram ao Aeroporto de Los Cerrillos, perto de Santiago, para receber e saudar o selecionado brasileiro. (...) Até mesmo uma banda de música foi providenciada aos integrantes do escrete, apesar da fadiga da viagem e das escalas em Brasília e Viracopos, responderam alegremente aos aplausos e gritos da multidão (...)."*

Ainda no desembarque, Pelé respondeu perguntas dos jornalistas que especulavam sobre o peso dele: *"Vou mostrar meu jogo aqui, que está valendo a taça. No Brasil era só treino"*. Já Garrincha reclamou do frio:

"*Estou achando esse frio meio chato. Já vi que vou ter que jogar com blusa de lã e mais três camisas por baixo*". A seleção jogou com mangas longas todas as partidas. O embaixador do Brasil no Chile, Fernando Ramos de Alencar, esteve no aeroporto para recepcionar a equipe canarinho.

A equipe brasileira também queria ser a campeã da simpatia. A comissão técnica resolveu levar na bagagem 30 mil balões coloridos com a inscrição "Viva Chile" para serem distribuídos às crianças que visitassem a concentração em Quilpué. "*Na sedução dos balões coloridos, Pelé e Paulo Machado de Carvalho conquistaram para o Brasil a amizade das crianças chilenas*", publicou a revista O Cruzeiro. Os jogadores também distribuíam doces. O Jornal dos Sports registrou: "*(...) Mas, de modo geral, as crianças, diante dos deuses do football, não davam um pio; só olhavam, só admiravam, num enlevo*". O mesmo jornal informou que cerca de 500 alunos de escolas chilenas ameaçaram entrar em greve, caso não fossem dispensados das aulas para ver Pelé jogar contra o México.

Tudo para ver o Rei!

Boa parte dos torcedores brasileiros ficou hospedada no Hotel San Martín, em Viña del Mar. Quem passasse em frente via faixas e bandeiras nas varandas saudando os atletas nacionais.

A seleção se concentrou em Quilpué, na cidade balneária de Valparaíso, distante sete quilômetros de Viña del Mar, onde ficava o Estádio Sausalito. De acordo com a Gazeta Esportiva, os brasileiros treinavam nas instalações da Companhia Chilena de Tabacos e no Club Naval de Campo Las Salinas.

Os jogadores se instalaram na pousada de El Retiro, que tinha quartos ao estilo de "bangalôs". Inicialmente, as instalações não agradaram ao médico Hilton Gosling, destacado ainda no ano anterior para buscar um local adequado para a seleção ficar. O jornal O Globo destacou: "*(...) São prédios antigos com banheiros pré-históricos*". Os jogadores tinham que caminhar 200 metros para o local das refeições. Entretanto, a proximidade da concentração do Estádio Sausalito acabou pesando na decisão de permanecer em El Retiro. A CBD já tinha feito um adiantamento de 2.000 dólares para reservar as acomodações.

A divisão dos quartos entre os atletas foi feita com base na afinidade entre eles. Pelé e Coutinho, dupla de ataque do Santos, por exemplo, ficaram no mesmo "bangalô". Já Paulo Machado de Carvalho tinha um quarto privativo, mas estava acompanhado de uma uma imagem de Nossa Senhora.

Seleção brasileira em Quilpué
(*Última Hora*/Arquivo Público do Estado de São Paulo)

Vicente Feola, que não foi ao Chile, tinha uma acomodação reservada para ele, caso recebesse autorização dos médicos para viajar. O treinador, internado em São Paulo, mandou mensagem aos atletas, segundo relato do *Jornal dos Sports*: "*Fazendo um apelo aos jogadores para que trouxessem do Chile a Copa do Mundo mais uma vez, apelo esse com palavras de carinho e salientando que quem lhes pede é o amigo que está fisicamente distante, mas espiritualmente junto a eles, Vicente Feola mandou uma mensagem aos jogadores do Brasil, mensagem essa trazida por Mendonça Falcão [dirigente de São Paulo].*"

Mas como a seleção se bancaria no Chile? O presidente João Goulart e o primeiro ministro Tancredo Neves reuniram-se para discutir a liberação de verba à Confederação Brasileira de Desportos. O dinheiro seria concedido por meio do Instituto Brasileiro do Café.

Apesar dos dias de sol, o frio do Chile não agradava aos jogadores. Segundo o jornal *Última Hora*, Vavá era o mais friorento: usava chapéu e um grosso cachecol. Ao contrário de outras seleções que só faziam treinos fechados, a equipe brasileira abria os portões aos torcedores em determinados horários, atitude considerada simpática pelos locais.

Jurandir (à esquerda), o dentista Mário Trigo (à direita) e Nilton Santos (de chapéu), no Chile (*Última Hora*/Arquivo Público do Estado de São Paulo)

Antes da estreia, a seleção fez dois amistosos contra clubes chilenos. Em 24 de maio, o Brasil enfrentou o Wanderers nas instalações do Club Naval de Campo Las Salinas. No primeiro tempo, Aymoré Moreira escalou uma equipe considerada titular que venceu por 2 a 1: Castilho; Djalma Santos, Mauro e Altair; Zito e Zózimo; Garrincha, Didi, Vavá, Pelé e Zagallo. Na etapa final, os reservas, derrotados por 1 a 0, foram escalados assim: Castilho; Jair Marinho, Bellini e Valentín II (jogador do Wanderers); Zequinha e Jurandir; Jair, Mengálvio, Coutinho, Amarildo e Pepe.

No domingo anterior, dia 27, os comandados de Aymoré Moreira golearam o Everton, por 9 a 1, no Estádio Sausalito, no último teste antes da competição. O técnico escalou o time que começaria jogando contra o México, mas promoveu algumas alterações durante o treino: o goleiro Castilho, por exemplo, substituiu Gylmar. Por outro lado, Mengálvio, Altair e Pepe foram poupados.

De acordo com a *Gazeta Esportiva Ilustrada*, antes do amistoso com o Everton, os jogadores assistiram a uma missa celebrada por um sacerdote chileno, às 10 da manhã. Cada integrante da delegação recebeu uma medalha benta, enviada pelo Papa João XXIII, diretamente do Vaticano. O pontífice divulgou a seguinte mensagem: *"Nestes dias que antecedem a realização da VII Taça 'Jules Rimet', no Chile, envio aos jogadores da seleção brasileira como também a todos os demais componentes, uma medalha benta a cada um, para que os proteja na difícil jornada esportiva. Aqui, do Vaticano, ficarei olhando e rezando para que o Brasil consiga repetir o feito de 1958, na Suécia. Pedirei a Deus para que tudo ocorra bem com os campeões do mundo e que o certame seja puramente esportivo, sem maldade e imprevistos."*

Os jogadores estavam abençoados!

Já na véspera da estreia, a torcida foi em peso à concentração, como informou o *Estadão*: "*Hoje numerosos brasileiros estiveram em 'El Retiro' e tumultuaram a concentração, perturbando o repouso dos jogadores. Um deles chegou a oferecer Cr$ 500.000,00 a Pelé, caso o Brasil ganhe*". Por falar em Pelé, o jornalista Mário Filho relata no livro *Copa do Mundo, 1962* que o Rei teve febre um dia antes do duelo contra os mexicanos. O médico Hilton Gosling suspeitou ser consequência de uma insolação. No entanto, no dia do jogo, o Rei já acordou bem, pronto para a primeira batalha.

O técnico Aymoré Moreira fazia mistério sobre a escalação da equipe que começaria jogando a Copa. A grande dúvida da imprensa era em relação à zaga: quem seria o capitão da seleção? Bellini, titular absoluto em 1958, ou Mauro Ramos de Oliveira? O *Jornal dos Sports* cravava, mas de forma equivocada, que Bellini estava quase certo para o duelo contra o México. A imprensa carioca não aceitava a ausência do grande capitão, que jogava no Vasco da Gama. Havia ainda indefinição entre Zózimo e Orlando, também na zaga. Outra possibilidade era a escalação de Coutinho no lugar de Vavá.

O treinador brasileiro desfez o mistério: dos onze jogadores que disputaram a final da Copa anterior, nove seriam escalados para a estreia contra o México. As mudanças se limitaram à dupla de zaga: Bellini e Orlando seriam substituídos por Mauro e Zózimo. Uma parte da imprensa internacional considerava a seleção brasileira ultrapassada e que utilizava táticas previsíveis.

Garrincha e Vavá
(*Última Hora*/Arquivo Público do Estado de São Paulo)

Como era esperado, o Chile foi invadido por torcedores de todas as partes do mundo. O *Jornal do Brasil* apresentou uma contabilidade feita pelo Ministério do Interior chileno. Entre os dias 10 e 17 de maio, chegaram às cidades da Copa um total de 3.022 turistas, sendo 549 argentinos, 474 brasileiros, 248 alemães, 243 americanos, 189 colombianos, 127 italianos, 114 bolivianos, 110 ingleses, 144 peruanos, 128 espanhóis, 112 uruguaios e os demais vieram de Gana e do Congo, na África. Os números certamente aumentaram ao longo da competição.

O clima de Copa toma conta do Brasil

Superados os complexos de inferioridade, depois da conquista em 1958, a torcida nacional nunca teve uma expectativa tão positiva em relação ao desempenho do Brasil em uma Copa. Como era esperado, o mundial alterou a rotina dos brasileiros. Para os jogos durante a semana, escritórios dispensaram funcionários mais cedo e as escolas suspenderam as aulas. A correria para chegar em casa era grande, com fila no transporte público e trânsito nas principais vias das cidades. Alternativas não faltavam para ouvir os jogos nas ruas. A Rádio Bandeirantes, por exemplo, instalou um painel eletrônico na Praça da Sé, em São Paulo.

Propaganda publicada nos jornais
(acervo pessoal do autor)

Durante a irradiação do jogo, os torcedores olhavam para o painel, onde luzes indicavam o local em que a bola estava no gramado. Era uma novidade em uma época em que faltava tecnologia para os brasileiros assistirem aos jogos da Copa, ao vivo, pela TV (ver mais no capítulo 10).

No Rio de Janeiro, o placar esportivo foi instalado no Largo da Carioca, local de concentração de torcedores. O jornal *O Globo* colheu opiniões antes da estreia contra o México: "*O camelô Nilo Guimarães é da opinião de que a equipe brasileira poderá dar uma goleada nos mexicanos, mas se contenta em prever um placar de 3 a 1 e acrescenta: 'Digo 3 x 1 para não ser otimista demais, pois Pelé, Garrincha e Didi não poderão sair de campo sem deixar seus gols nas redes mexicanas'. Já o bancário Geraldo Mohaupt, acha que o jogo será difícil e explica: 'Acredito que os mexicanos façam jogo de defensiva. Não haverá, assim, muita chance para gols. Mesmo assim, estou certo de que Pelé e Didi marcarão os dois tentos brasileiros!'*". O *Diário Carioca* também ouviu populares: "*O proprietário do Bar Verona, o sr. Antônio de Oliveira, é mais entusiasmado, prevendo uma vitória de 5 x 1, placar que o sr. Antônio Pereira Balona, funcionário do DCT, julga exagerado, tanto que acredita em uma vitória por 1 x 0 (...)*". Outros torcedores cariocas reclamaram da ausência do ponteiro esquerdo flamenguista Germano.

Ingresso de Brasil x México
(acervo pessoal do autor)

Futebol nunca é unanimidade!

Se você for um privilegiado e puder viajar ao Chile, separe seu ingresso para assistir à estreia da seleção brasileira contra os mexicanos, em Viña del Mar.

Caso contrário, aproveite as ofertas e compre um moderno rádio de pilha para não perder uma só jogada, diretamente dos campos chilenos.

Propaganda publicada nos jornais
(acervo pessoal do autor)

O goleiro Carbajal não consegue segurar chute de Pelé e Zagallo comemora o gol do Rei
(*Última Hora*/Arquivo Público do Estado de São Paulo)

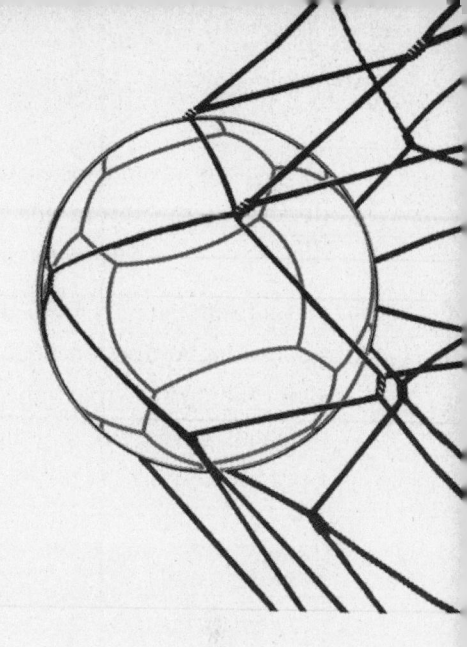

4

Estreia com críticas
Brasil 2 x 0 México

BRASIL 2 × 0 MÉXICO – Viña del Mar – 30.05.62

<u>Brasil</u>: Gylmar, Djalma Santos, Mauro, Zózimo e Nilton Santos; Zito e Didi; Garrincha, Vavá, Pelé e Zagallo

Técnico: Aymoré Moreira

<u>México</u>: Carbajal, Del Muro, Guillermo Sepúlveda, José Villegas, Cárdenas, Nájera, Del Aguila, Salvador Reyes, Héctor Hernández, Isidoro Díaz e Antonio Jasso

Técnicos: Ignacio Trelles e Alejandro Scopelli

<u>Árbitro</u>: Gottfried Dienst (Suíça)

<u>Gols</u>: Zagallo (11) e Pelé (28) no segundo tempo

<u>Público</u>: 11.000

Nervosismo e muito frio: brasileiros e mexicanos entraram em campo no acanhado Sausalito vestindo camisas de mangas compridas. Os nacionais usavam o tradicional uniforme de cor amarela e calções azuis. Já os adversários estavam de verde e com calções brancos. Apesar do sol, a temperatura que, em média, era de 10 graus, incomodava as duas seleções acostumadas ao calor.

Eram quase 15h30 da quarta-feira, 30 de maio de 1962, quando as duas equipes entraram em campo. O estádio era cercado por um alambrado para evitar a invasão de torcedores. Quem não tinha ingresso, podia assistir à partida "confortavelmente" de um morro que circundava a praça de esportes, em Viña del Mar.

Aymoré Moreira (à esquerda) e Mauro (segurando flores) na cerimônia antes do jogo
(*Última Hora*/Arquivo Público do Estado de São Paulo)

A missão da seleção brasileira era confirmar a expectativa depositada pela torcida e imprensa e reeditar as grandes exibições da Copa de 1958. No entanto, não foi o que se viu. Os aguerridos mexicanos eram comandados por Ignacio Trelles e pelo auxiliar argentino Alejandro Scopelli. A dupla resolveu fazer jogo de nervos ao dizer que a seleção brasileira era um time envelhecido e que corria o risco de derrota. Nos vestiários, a comissão técnica tentava usar essa informação para motivar a equipe nacional. "*Mexicanos continuam com a Guerra Fria*", dizia o *Jornal dos Sports*. De acordo com a publicação, "*Os atletas [mexicanos] dizem que podem até perder, mas não por goleada. O único pé no chão era Carbajal, preocupado com Pelé e Garrincha."*

Apesar das pressões para escalar Bellini, Aymoré Moreira bancou Mauro Ramos de Oliveira, que estava em melhor fase. A decisão foi a mesma com relação a Zózimo, destacado para formar a dupla de zaga. Quando a seleção entrou em campo, houve um intenso foguetório no estádio.

O árbitro suíço Gottfried Dienst (que apitaria a final da Copa de 1966) autorizou o início da partida. A seleção brasileira estava nitidamente nervosa e apresentou um futebol irreconhecível nos primeiros minutos: erros de passes e muita lentidão. Os mexicanos tiveram três chances claras de gol no primeiro tempo.

Um sufoco!

Garrincha, individualista, abusava das jogadas pela direita e não conseguia acionar os companheiros. Vavá parecia sem velocidade, Pelé sofria com a marcação e Didi estava praticamente imóvel. As poucas jogadas da seleção pararam nas mãos do lendário goleiro Carbajal.

Os mexicanos jogavam com nove na defesa e se aproveitavam da desatenção dos comandados de Aymoré Moreira para contra-atacar. A *Gazeta Esportiva Ilustrada* analisou o primeiro tempo: "*O quadro nacional começou jogando um futebol apático, sem coordenação, um tanto dispersivo, permitindo que os astecas tivessem campo para equilibrar o cotejo*". A zaga brasileira foi pega, muitas vezes, desguarnecida, principalmente quando Mauro se arriscou no ataque. No primeiro tempo, os goleiros se destacaram. Gylmar dos Santos Neves, corajoso, jogou-se aos pés de Héctor Hernández e conseguiu anular no ataque do adversário. O placar de 0 a 0 no primeiro tempo frustrou as expectativas. Aymoré Moreira conversou com os jogadores no intervalo e cobrou mais mobilidade.

Na etapa final, apesar da expectativa de mudança, a seleção voltou lenta, mas com uma melhor movimentação. Pelé passou a se deslocar mais para a esquerda, fugindo da marcação. Vavá caiu pela direita e Zagallo pelo meio. E foi o ponta esquerda do Brasil, apelidado de "formiguinha", que abriu o placar. Pelé invadiu a área pela direita e cruzou para o ponta brasileiro cabecear de "peixinho" para o chão: a bola quicou e venceu Carbajal. Um zagueiro ainda tentou evitar o gol, mas não conseguiu: 1 a 0. Finalmente, os campeões do mundo saíam à frente. Foi o primeiro de oito gols de cabeça da seleção na Copa. Méritos para o preparador físico Paulo Amaral, que treinava impulsão com os atletas. A revista *O Mundo Ilustrado*, do Rio de Janeiro, usava a expressão: "*O Brasil usou a cabeça.*"

Acima e abaixo: Zagallo cabeceia para o gol e abre o placar da partida (*Última Hora*/Arquivo Público do Estado de São Paulo)

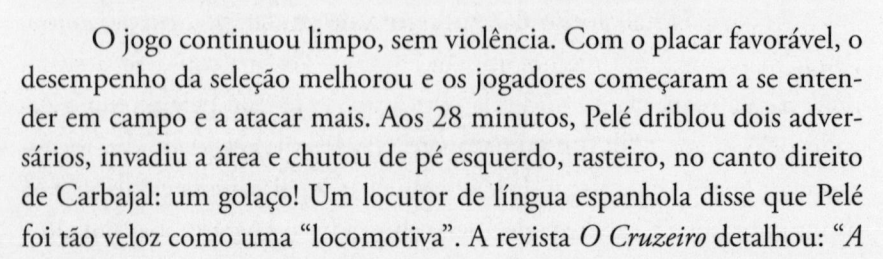

O jogo continuou limpo, sem violência. Com o placar favorável, o desempenho da seleção melhorou e os jogadores começaram a se entender em campo e a atacar mais. Aos 28 minutos, Pelé driblou dois adversários, invadiu a área e chutou de pé esquerdo, rasteiro, no canto direito de Carbajal: um golaço! Um locutor de língua espanhola disse que Pelé foi tão veloz como uma "locomotiva". A revista *O Cruzeiro* detalhou: "*A*

bola, com endereço certo, entrou no canto e bateu no ferro da baliza. Com o impulso que tinha, voltou. O goleiro, no chão, era a imagem do homem definitivamente vencido". O apito final trouxe alívio à seleção.

Brasil 2 a 0!

No dia seguinte, a *Folha de S. Paulo* destacou em manchete: "*Pelé abriu o ferrolho mexicano*". O Rei e Mauro Ramos de Oliveira foram apontados como os melhores da seleção. No entanto, a imprensa não poupou os campeões de críticas. Ao jornal *Última Hora*, Didi amenizou o mau desempenho da seleção: "*O jogo entre Brasil e México correu dentro das minhas previsões. Esperava que eles endurecessem e que nós atuássemos dentro das expectativas. Foi o primeiro jogo e as coisas tinham que ser assim*". Já Garrincha, que iria subir de produção durante a Copa, teria sofrido dois pênaltis, assim como Pelé, em uma falta cometida por Sepúlveda. O *Jornal dos Sports* salientou o desempenho do goleiro do México: "*Carbajal foi o maior entre os vinte e dois.*"

Pelé pontuou em sua autobiografia as dificuldades na estreia: "*A expectativa era que nos classificássemos facilmente no grupo, mas na verdade nossa primeira partida, em 30 de maio de 1962, foi surpreendentemente difícil. O México se mostrou valente e organizado e tivemos de mudar a nossa formação de 4-2-4 para 4-3-3. Funcionou: no segundo tempo, jogamos melhor e marcamos dois gols, o primeiro num cabeceio de Zagallo depois de um cruzamento meu e o segundo de minha autoria mesmo*". Aquele gol, o sétimo de Pelé em Copas, seria o único do Rei, no Chile. O camisa 10 do Brasil deixou o campo se sentindo cansado, mas preferiu não comentar nada com o médico Hilton Gosling.

O *Jornal dos Sports* atacou a atuação do quadro nacional: "*Ao ser iniciada a partida, o 'team' brasileiro apresentou-se como uma caricatura de si mesmo. O nervosismo da estreia exacerbava, levava cada jogador a parecer medíocre na maioria das jogadas. Estranho como pareça, via-se Pelé dar passes totalmente errados, Didi desperdiçar lances. Era como se o Brasil tivesse medo do México.*"

Garrincha disputa bola com jogador mexicano
(*Última Hora*/Arquivo Público do Estado de São Paulo)

O Globo era mais ponderado: "*Foi um bom começo, mas sem chegar ao ideal*". A reportagem informava: "*Tão pronto terminou o jogo de ontem, o presidente da CBD enviou um telegrama à delegação brasileira no Chile. Nesse despacho telegráfico, João Havelange felicitou a embaixada nacional pela estreia vitoriosa na VII Jules Rimet*". Apesar do entusiasmo do cartola, o jornal apontava: "*A dificuldade da vitória do Brasil sobre o México, em sua estreia em Viña del Mar, está espelhada em foto que mostra o esforço inútil de Vavá para superar Reyes, número oito dos mexicanos, que recuou para ajudar a destruir os ataques brasileiros, que só deram fruto no segundo tempo com os gols de Zagallo e Pelé.*"

Falando ao jornal *Última Hora*, Paulo Machado de Carvalho destacou: "*Estivemos um pouco nervosos no primeiro tempo contra os mexicanos. Consequência, naturalmente, da estreia, da enorme responsabilidade de nossa seleção. Mas, na segunda fase, nossos craques passaram a desenvolver seu verdadeiro jogo e a vitória acabou sendo convincente*". Já o técnico mexicano ironizou: "*Se o Brasil nos tivesse emprestado Pelé, nós teríamos ganhado o jogo.*"

O zagueiro Mauro teve atuação elogiada pela imprensa e amenizou as críticas pela sua escalação. O fato é que o capitão da seleção não tinha que provar mais nada a ninguém. Ele era um jogador clássico e de muita categoria. Entretanto, a imprensa carioca informava que Bellini poderia ser escalado contra a Tchecoslováquia. Pura "barriga" (notícia errada, no jargão jornalístico). Aymoré Moreira era pressionado a escalar Coutinho no lugar de Vavá, que decepcionou na estreia. Por outro lado, Zito recebeu elogios dos cronistas.

O duelo contra a Tchecoslováquia seria difícil, mas poderia ser vencido pela categoria brasileira, se não fosse o drama de Pelé.

Manchetes dos jornais (Brasil 2 x 0 México)

<u>Jornal dos Sports</u>: "Brasil dois a zero"

<u>Folha de S. Paulo</u>: "Brasil, 2 a 0: Pelé abriu o 'ferrolho' mexicano"

<u>O Globo</u>: "Estreia vitoriosa dos brasileiros no Mundial"

<u>Estado de S. Paulo</u>: "O Brasil só assegurou a vitória no segundo tempo"

<u>Diário da Noite</u>: "Vitória de 2 a 0: Pelé liquidou o ferrolho mexicano"

<u>Gazeta Esportiva</u>: "Começa bem o Brasil! Vitória de categoria: 2 x 0"

Pelé é amparado por Aymoré Moreira
(*Última Hora*/Arquivo Público do Estado de São Paulo)

5

O Rei combalido
Brasil 0 x 0 Tchecoslováquia

BRASIL 0 × 0 TCHECOSLOVÁQUIA – Viña del Mar – 02.06.62

<u>Brasil</u>: Gylmar, Djalma Santos, Mauro, Zózimo e Nilton Santos; Zito e Didi; Garrincha, Vavá, Pelé e Zagallo

Técnico: Aymoré Moreira

<u>Tchecoslováquia</u>: Schroiff, Lala, Popluhar, Novak, Pluskal, Masopust, Štibrányi, Scherer, Adamec, Jelinek e Kvašňák

Técnico: Rudolf Vytlačil

<u>Árbitro</u>: Pierre Schwinte (França)

<u>Público</u>: 19.000

Uma arena esportiva pode ser palco de alegrias, de tristezas e de muito drama também. Drama foi o que o maior jogador do mundo passou a viver a partir daquele sábado, 2 de junho de 1962, em Viña del Mar. Os ares dramáticos contaminaram toda a seleção brasileira e trouxeram muito pessimismo ao ambiente dos jogadores, a partir da contusão de Pelé. Até o fim da Copa, não faltaram especulações e questionamentos sobre uma possível volta do Rei a equipe. Mas o camisa 10 ficou mesmo de fora da competição. Ausência, claro, sentida por todos os atletas.

A Tchecoslováquia, país do Leste Europeu, vice-campeã mundial de 1934, contava com jogadores clássicos como Popluhar, Novak, Lala e Masopust. Na primeira rodada, os comandados de Rudolf Vytlačil venceram a Espanha por 1 a 0, gol de Štibrányi. O treinador declarou que a seleção tcheca enfrentaria os brasileiros de igual para igual.

As seleções entram campo em Viña del Mar
(*Última Hora*/Arquivo Público do Estado de São Paulo)

O jornal *Última Hora* informava: "*Brasil esconde o jogo: o escrete só será escalado no vestiário*". A reportagem especulava que Nilton Santos poderia jogar na zaga, Altair entraria na lateral esquerda e até Amarildo foi cotado para substituir Zagallo: "*Amarildo poderá ser escalado hoje, contra a Tchecoslováquia, em substituição a Zagallo. Esta conclusão a que se chega, depois das informações contraditórias do médico Hilton Gosling e do técnico Aymoré Moreira. Enquanto um afirmava que Zagallo e Didi haviam perdido dois quilos e meio e dois quilos, respectivamente, contra os mexicanos, mas que não representavam problema, o treinador dizia que Zagallo estava machucado no tornozelo*". No entanto, Aymoré Moreira manteve os mesmos onze jogadores da estreia contra os mexicanos.

Paulo Machado de Carvalho prometeu 200 dólares para cada jogador em caso de vitória e mantinha confiança: "*Continuam todos serenos e confiantes. Confiança que não quer dizer otimismo exagerado, mas apenas a certeza do que serão capazes de realizar no campo. Se a sorte não influir contra nós, triunfaremos, mesmo*". Didi previa um desempenho melhor, mas alertava: "*Os tchecos não são apenas defesa*". O "príncipe etíope" tinha razão: "*Os tchecos têm um bom estilo de jogo e são muito velozes. Chutam de longa distância e com facilidade. (...) Tramam boas jogadas e têm bom sistema defensivo.*"

Depois da troca de flâmulas entre os capitães Bellini e Novak, o árbitro Pierre Schwinte, da França, autorizou o início da partida, disputada com sol do meio da tarde (16h), mas com baixa temperatura. Cerca de 20 mil torcedores queriam ver a seleção campeã do mundo e torciam por um espetáculo que não houve no primeiro jogo.

O espetáculo, entretanto, deu lugar ao drama de um Rei que saiu de campo combalido. A partida, muito dura, começou equilibrada e com respeito entre as seleções. Aparentemente, o time de Aymoré Moreira corrigiu algumas falhas e estava se movimentando mais. A vitória, claro, seria importante, inclusive para a classificação antecipada. Pelé e Vavá faziam boas tabelinhas.

O relógio marcava vinte e sete minutos quando Pelé avançou e chutou com o pé esquerdo, de fora da área, na altura da meia-lua. A bola quicou, enganou o goleiro Schroiff e bateu na trave direita. No exato momento, o camisa 10 parou e levou as mãos à virilha.

Era o início do fim da Copa para o maior futebolista do planeta.

O Rei nunca teve uma contusão como aquela e não se conformava com a dor que estava sentindo. O lance foi descrito pela revista *Manchete*: "*(...) Os brasileiros envolvem a defesa tcheca. Pelé avança como um raio. Leva dois adversários de roldão. Na entrada da área, arma o chute fatal. O tiro sai violento e cruzado. Schroiff, o goleiro malabarista, salta. A bola passa por ele e bate de encontro à trave, arrancando um grito uníssono da torcida.*"

Na sequência, a revista relatou a dor de Pelé: "*(...) ao mesmo tempo, um berro alucinante, de dor, sobrepõem-se a todos. Estirado no gramado,* vítima de séria distensão muscular, contorcendo-se, Pelé é um feixe de sofrimento. Pesado silêncio abate-se sobre o estádio. O craque insubstituível está fora de combate. Este lance dramático – o gol que não veio e o Rei ferido – sintetiza a história do jogo Brasil contra a Tchecoslováquia. Dali em diante, sem Pelé, o escrete não pôde ir além do 0 x 0, ainda que tenha sido melhor, heróico e realmente de ouro."

O Rei, que sofreu um grave estiramento muscular, relembrou inúmeras vezes aquele momento: *"Quando eu chutei, senti uma dor aguda correr pelo corpo inteiro. Até parecia que a minha perna tinha ido junto com a bola. Quando vi, então, que tinha acertado a trave, chorei"*. Pelé deixou o gramado para ser atendido pelo médico Hilton Gosling e pelo massagista Mário Américo. O craque Masopust, em um gesto de grandeza e admiração, ajudou a "escoltar" o Rei. Como ainda não eram permitidas substituições, cerca de três minutos depois, o camisa 10 voltou para fazer número em campo. Ainda no primeiro tempo, Pelé ficou na ponta direita e Garrincha se deslocou para o meio. Na etapa final, Aymoré orientou o Rei a permanecer na ponta esquerda.

Depois da contusão de Pelé, a seleção ficou apática em campo, mas a Tchecoslováquia pouco ameaçou a defensiva brasileira. Garrincha estava muito marcado e sofreu inúmeras faltas. Em um determinado momento chegou a se irritar, mas ele não era de briga: descontava com dribles. Segundo a *Manchete*, Mané percebeu que teria de jogar por ele e por Pelé e se empenhou tanto que, ao final da partida, estava com dois quilos a menos!

Um dos momentos emblemáticos daquele duro embate foi quando Pelé se viu cercado por jogadores adversários. O defensor Jan Lala teve uma atitude respeitosa em relação ao Rei. *"Ao verificar, neste lance, que Pelé estava impossibilitado de oferecer-lhe qualquer resistência, chutou a bola de propósito pela linha lateral do campo"*, relatou a *Manchete*. O camisa 10 exaltou a generosidade dos adversários: *"Mas aí aconteceu uma coisa incrível – não, não tive uma recuperação milagrosa ou nada parecido. Apenas senti que uma boia salva-vidas era atirada em minha direção pela generosidade e pelo espírito esportivo dos jogadores tchecos, três deles em especial (...). Quando Masopust e Popluhar me viam com a bola, esperavam até que eu concluísse a jogada, desde que, é claro, eu não representasse uma ameaça. Não me pressionavam, não tentavam me tomar a bola. O lateral direito, Lala, agiu da mesma forma: quando comecei a só fazer número na extrema esquerda, deixou-me à vontade (...)."*

A seleção da Tchecoslováquia que deu trabalho ao Brasil na Copa
(*Fundo Correio da Manhã*/Acervo Arquivo Nacional)

    O desempenho da seleção brasileira foi melhor no segundo tempo, mas o ataque falhou na pontaria. Já a Tchecoslováquia exigiu pouco de Gylmar dos Santos Neves. O goleiro brasileiro estava completando naquele dia 35 jogos com a camisa da seleção. Mauro Ramos de Oliveira e Djalma Santos mostraram muita eficiência na marcação. Nilton Santos, mesmo com 37 anos, estava em grande forma e anulou magistralmente o ponteiro Štibrányi. O tempo foi passando, passando e o placar não saiu do zero.

    Estava de bom tamanho para as duas equipes.

    O apito final do árbitro trouxe um sentimento de alívio, mas também de preocupação. Qual seria o futuro da seleção brasileira se Pelé não se recuperasse? Quem iria substituí-lo? O bicampeonato estava ameaçado?

Pelé deixa o campo ao lado de Garrincha
(*Última Hora*/Arquivo Público do Estado de São Paulo)

Sobre a atuação do Brasil, os jornais disseram que "*No começo era bom. Quase que ficou ruim no fim*". A imprensa, claro, voltou a fazer críticas à seleção nacional. Os desempenhos de Didi e de Zózimo foram considerados abaixo das expectativas. Vavá se isolou no ataque, depois da contusão de Pelé, e Zagallo atacou pouco.

Paulo Amaral: rigor nos treinos físicos
(*Fundo Correio da Manhã*/Acervo Arquivo Nacional)

Na saída do estádio, sob aplausos de torcedores, Pelé, já com o corpo frio, mal conseguia caminhar e foi amparado pelo massagista Mário Américo. Ao lado, Paulo Machado de Carvalho demonstrava um semblante preocupado, algo raro para o dirigente. A imagem, estampada na capa da revista *Manchete*, era o retrato desolador da seleção brasileira. Entretanto, a publicação ponderava: "*O escrete perde o Rei, mas conserva a majestade. (...) O time brasileiro não perdeu a serenidade e esteve muito mais perto da vitória do que o adversário.*"

Em sua autobiografia, Pelé revelou que já não vinha bem antes da Copa: "*(...) O fato mais marcante de 1962 para mim, contudo, foi o estiramento na virilha que sofri por causa do número excessivo de partidas que vinha jogando. Embora fosse jovem, comecei a sentir pontadas no músculo adutor, e o desconforto aumentou depois de um amistoso contra Portugal (...)*". Pelé mantinha a comissão técnica informada sobre a "dorzinha" que estava sentindo.

O Rei também apontava para os treinamentos pesados impostos pelo preparador físico Paulo Amaral: "*(...) E ainda por cima havia o duro treinamento físico, do qual ninguém era dispensado. O nosso preparador, Paulo Amaral, dizia sempre: 'Todo mundo tem que treinar' (...)."*

A postura de Paulo Amaral chegou a irritar alguns jogadores, de acordo com Pelé: "*O relacionamento do Paulo com os jogadores ficou bastante complicado: certa vez, Nilton Santos se recusou a saltar um obstáculo (...)*". De qualquer forma, pela primeira vez, em cinco anos de carreira, Pelé sofreu uma distensão muscular, a mais grave até então!

Na concentração em Quilpué, o camisa 10 brasileiro foi para uma enfermaria improvisada. O quarto virou um local de romaria de companheiros da seleção e de representantes da comissão técnica. "*Doloroso exílio do Rei*", destacava a *Manchete*. "*Pelé está inconsolável com a distensão que sofreu. Deitado na cama, aplicando sacos de gelo sobre o músculo ofendido, ele perdeu aquele ar de criança despreocupada*". Para passar o tempo, o jogador ouvia bolero e samba-canção, em uma velha vitrola portátil.

De acordo com a revista *O Cruzeiro*, as primeiras horas após o jogo foram difíceis: "*No vestiário, depois do jogo, ele desmaiou no fim das entrevistas concedidas a uma centena de repórteres e locutores de rádio. À noite dormiu um pouco e de manhã recebeu uma multidão de visitantes. A todos, atendeu sorrindo, mas, agora, sozinho, confessa que havia momentos em que sua vontade era gritar e pedir que o deixassem em paz.*"

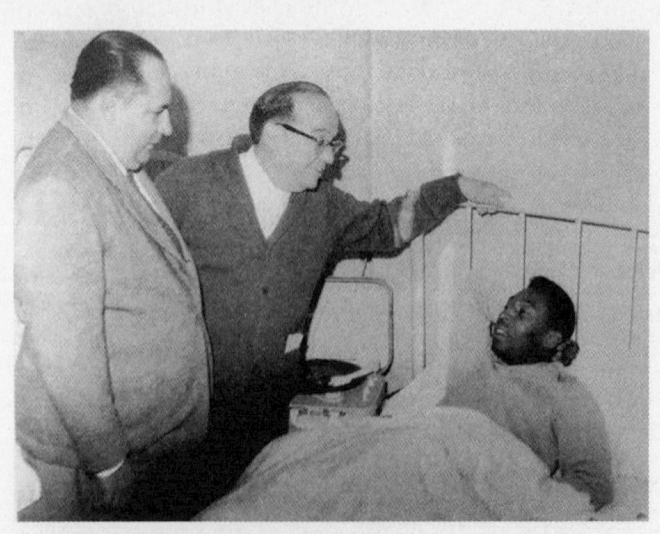

Pelé conversa com Paulo Machado de Carvalho (ao centro)
(acervo Paulo Machado de Carvalho Neto)

A ordem era evitar que a imprensa tivesse acesso a Pelé. Os jornais especulavam a cada jogo sobre a possibilidade de ele se recuperar e ser escalado. Era também uma forma de pressionar psicologicamente os adversários que ficavam na expectativa para uma possível escalação do craque brasileiro.

O médico Hilton Gosling deu, inicialmente, prazo de dez dias para a recuperação de Pelé. Ou seja, estaria automaticamente fora do jogo contra a Espanha e do duelo pelas quartas de final. Ao jornal *Última Hora*, o médico da seleção demonstrava otimismo: "*(...) Devemos esperar mais alguns dias para um pronunciamento definitivo. (...) Pelé, além de ser jovem, tem excelente saúde. (...) Como a distensão é de primeiro grau, sem qualquer foco para atrapalhar, podemos esperar a recuperação de nosso jogador em uns oito dias (...)*". Já a imprensa ouviu especialistas que consideravam remotas as chances de recuperação de Pelé e usava a palavra "milagre". O camisa 10 revelou que, durante o andamento da Copa, pediu para Hilton Gosling lhe dar uma infiltração para poder voltar a campo, mas o médico rejeitou a possibilidade, pois isso poderia precipitar o fim da carreira do Rei.

Ao relembrar a contusão de Pelé, anos depois, Zito lamentou: "*(...) Ali para nós foi um desastre (...) ele saiu machucado e foi grave. Então você fica com aquela apreensão (...)*".[3] Sem o camisa 10 do Brasil, os torcedores que foram ao Chile disseram que a competição perdia o brilho. Os repórteres de *O Cruzeiro* ouviram a opinião de um espanhol que foi taxativo: "*Vir ao Chile e não ver Pelé é a mesma coisa que ir a Roma e não ver o Papa. (...) A verdade é que, sem ele, a VII Copa do Mundo perde, pelo menos, trinta por cento do seu interesse.*"

Nelson Rodrigues traduzia o clima entre os brasileiros com a dor de Pelé: "*(...) Era, sim, o luto, era a dor, era o velório da distensão. Desde sábado que todo o Brasil chora e todo o Brasil vela a contusão de Pelé. Como diria Brás Cubas, até a natureza se associa à melancolia nacional. Os ventos são mais tristes, os ventos são mais inconsoláveis. (...)*"

---

3. Depoimento de Zito para o projeto *Futebol, Memória e Patrimônio,* da FGV (2012): https://cpdoc.fgv.br/entrevistados/jose-ely-zito.

O técnico Aymoré Moreira precisava definir o substituto do Rei para um jogo de vida ou morte contra a Espanha. O treinador revelou ao jornal *Última Hora*: "*Pelé é uma baixa inesperada. É um jogador que em qualquer condição de jogo, frente a adversários pequenos ou grandes, exige precauções. As nossas esperanças, estejam certos, não morreram. Temos Amarildo, jovem capaz e cheio de vontade de vencer e de jogar. (...) Além disso, tem a força moral da ausência de Pelé. As novas esperanças triplicaram exatamente agora. Jogamos bem contra os dois primeiros adversários e nem será agora que decepcionaremos. (...) Vencer a Espanha será a melhor credencial.*"

A escolha de Aymoré recaiu, portanto, sobre um jovem jogador do Botafogo que entrou para a história do futebol brasileiro. "*A confiança dos brasileiros e a bênção dos meus pais são o maior estímulo que terei para jogar contra a Espanha servindo a seleção. (...) Os espanhóis não me intimidam. Conversei com Pelé e ele confia em mim e confesso que me fizeram enorme bem as palavras que troquei com ele. Se antes eu já estava calmo, agora me sinto mais tranquilo ainda. Vamos entrar em campo para vencer*", declarou Amarildo. O supervisor Carlos Nascimento evitou, ao máximo, o contato do substituto de Pelé com a imprensa, antes do duelo.

Felizmente, os deuses da bola estavam ao lado do "escrete de ouro".

Manchetes dos jornais (Brasil 0 x 0 Tchecoslováquia)

<u>Jornal dos Sports</u>: "Empataram os gigantes - zero a zero"

<u>Folha de S.Paulo</u>: "Brasil 0, Tchecoslováquia, 0 - Pelé fora do jogo com a Espanha"

<u>Estado de S. Paulo</u>: "Contusão de Pelé força o Brasil a um empate"

<u>Gazeta Esportiva</u>: "Vamos para frente!!! Contusão de Pelé forçou o empate!"

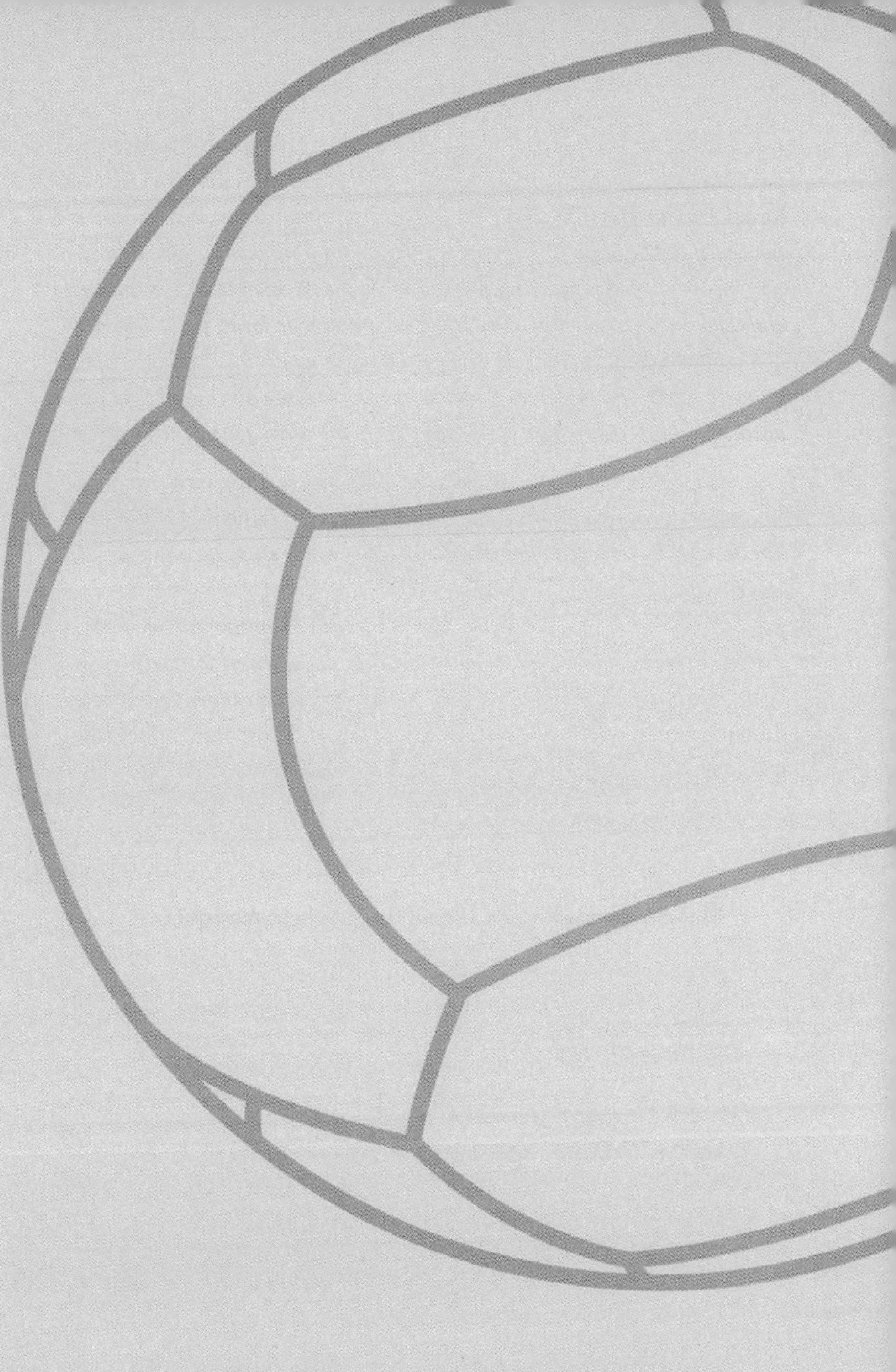

"Sai o 'Rei', entra o príncipe."

(*Jornal dos Sports*)

Gol de cabeça de Amarildo garante a vitória contra a Espanha
(*Última Hora*/Arquivo Público do Estado de São Paulo)

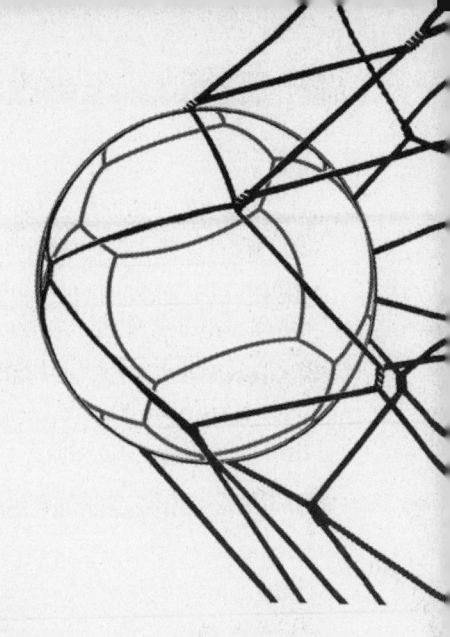

6

O "possesso" e a malandragem
Brasil 2 x 1 Espanha

BRASIL 2 × 1 ESPANHA – Viña del Mar – 06.06.62

Brasil: Gylmar, Djalma Santos, Mauro, Zózimo e Nilton Santos; Zito e Didi; Garrincha, Vavá, Amarildo e Zagallo

Técnico: Aymoré Moreira

Espanha: Araquistain, Collar, Echeberría, Gento, Gracia, Joaquín Peiró, Enrique Pérez, Ferenc Puskás, Rodri, Adelardo Rodríguez e Martín Vergés

Técnico: Helenio Herrera

Árbitro: Sergio Bustamante (Chile)

Gols: Adelardo (35) no primeiro tempo. Amarildo (27 e 41) na etapa final.

Público: 18.000

Foi um sufoco! Uma batalha dramática como poucas vezes se viu na história das Copas. O futuro da seleção campeã do mundo estava em jogo naqueles noventa minutos de partida. A vitória contra a Espanha era fundamental para o sonho do bicampeonato. A ausência de Pelé deixou tenso o clima na seleção. Desde o fim da partida contra os tchecos, a imprensa especulava: quem iria substituir Pelé? Aymoré Moreira escolheu um atleta de muita raça e que não teria problema de adaptação ao esquema. Iria se sentir jogando pelo Botafogo. Amarildo Tavares da Silveira, camisa 20, estaria ao lado dos colegas de clube: Didi, Garrincha, Nilton Santos e Zagallo.

Em entrevista ao jornalista Teixeira Heizer, Didi explicou que todos deram suporte a Amarildo: "*A imprensa paulista ficou desolada e achou que estava tudo perdido. Procurei o doutor Paulo e o Aymoré e conversamos. Expliquei que não seria difícil. Era escalar o Amarildo, porque eu na meia, Zagallo na ponta e Nilton Santos atrás, escoraríamos o Amarildo. Conhecíamos a sua valentia. E ele correspondeu. Nem de longe amarelou diante da responsabilidade.*"

Didi queria aproveitar a partida contra a Espanha para um duelo pessoal: "*(...) estive para estragar tudo. Nos dois dias que precederam o jogo com a Espanha, não dormi: tinha uma forra sobre Di Stéfano, o grande atacante argentino, vinculado ao futebol espanhol. Ele me boicotou quando joguei em Madrid. Voltei humilhado. Era a chance para eu me vingar. Pensei: vou dar um baile nele. Se não conseguir, dou-lhe uma pancada. Ele nunca se esquecerá da sacanagem que fez comigo (...).*"

Didi tinha jogado pelo Real Madrid e não se deu bem com Di Stéfano. O jogador argentino, que atuava com a camisa da Espanha, sonhava em enfrentar os brasileiros: "*Quero jogar contra o Brasil, nem que esta seja a última partida de minha carreira. Temos que vencer de qualquer maneira e não quero continuar na 'cerca'. Apesar de minha contusão, prefiro mil vezes jogar, em se tratando de uma partida como a de hoje, e logo contra os brasileiros*". Entretanto, Di Stéfano, contundido, não entrou em campo. Ele assistiu ao jogo das arquibancadas do Estádio Sausalito e, com a derrota da Espanha, perdeu cinco mil dólares em uma aposta que tinha feito com um brasileiro.

Como vimos, os espanhóis confiavam em uma "legião estrangeira" para derrotar os campeões do mundo. Um dos destaques era Puskás, húngaro que na Copa de 1954 ficou de fora do duelo com o Brasil, pois estava machucado, e agora enfrentaria a seleção nacional com a camisa da "fúria".

Os jogadores estrangeiros que defendiam a Espanha eram chamados de "mercenários" pela imprensa do país. A Espanha também precisava da vitória para continuar com chances de se classificar: depois da derrota para a Tchecoslováquia, a equipe venceu o México por 1 a 0, gol de Peiró.

O técnico franco-argentino Helenio Herrera provocava os comandados de Aymoré: "*Vamos ganhar do Brasil com ou sem Pelé; temos arma secreta para usar*". A arma secreta era Di Stéfano, mas o treinador teve de engolir as palavras e o jogo de nervos não deu resultado. Herrera declarou ainda que os espanhóis lutariam "dopados". No entanto, ele não detalhou quais estimulantes os atletas poderiam utilizar.

Já a imprensa brasileira fazia questão de recordar a goleada da seleção sobre a Espanha por 6 a 1, no Maracanã, na Copa de 1950. O entusiasmo da torcida era tão grande que a marchinha carnavalesca "*Touradas em Madrid*" fazia eco nas arquibancadas do maior estádio do mundo. No entanto, doze anos depois, o placar seria bem mais tímido.

Quarta-feira, 6 de junho de 1962. A tarde era de sol em Viña del Mar. Cerca de 18.000 torcedores aplaudiram a entrada das seleções em campo. O Brasil com a tradicional camisa amarela, mas com calções brancos, e a Espanha com a camiseta vermelha e calções azuis. As mangas compridas ajudavam a amenizar o frio de cerca de 12 graus. Os capitães Mauro e Gento trocaram cumprimentos. O jogador brasileiro entregou ao adversário um saco de café: era uma promoção do Instituto Brasileiro do Café.

Assim que o árbitro Sergio Bustamante, do Chile, autorizou o início da partida, os espanhóis demonstraram que não tinham nada a perder e partiram para o ataque. Já os comandados de Aymoré Moreira repetiram o jogo apático das partidas anteriores. Amarildo estava nitidamente acanhado e nervoso com a responsabilidade de substituir Pelé. A zaga brasileira dava muito espaço para Puskás e Peiró. Adelardo, camisa

18, também levava perigo para a meta de Gylmar. Os adversários desperdiçaram ao menos três chances claras de gol. Garrincha se movimentava bem, mas Vavá estava muito isolado e pouco ameaçava a meta de Araquistain.

As coisas iam mal!

Torcedores espanhóis provocam os brasileiros
(*Última Hora*/Arquivo Público do Estado de São Paulo)

Aos 35 minutos, Zito e Nilton Santos não conseguiram conter uma tabela dos espanhóis na intermediária brasileira. Depois da troca de passes, Adelardo chutou rasteiro, na altura da meia-lua, e a bola entrou mansa no canto direito de Gylmar, que ficou estirado no chão. Uma ducha de água fria nos campeões do mundo que teriam de reverter o placar de 1 a 0. Na sequência, depois de um cruzamento da esquerda, Zózimo não conseguiu interceptar a bola e, por pouco, a Espanha não ampliou o marcador com Peiró. O fim do primeiro tempo representou um alívio para a seleção.

A etapa final começou com a Espanha pressionando a seleção brasileira. Em uma jogada pela direita, o camisa 4, Collar, driblou Zagallo, invadiu a área e foi derrubado por Nilton Santos. No entanto, a malandragem do lateral brasileiro falou mais alto: ele deu dois passos para fora da área e levantou os braços. O árbitro Bustamante caiu na conversa e marcou falta fora da área, não anotou o pênalti. Os espanhóis protestaram. Anos depois, Nilton Santos comentou: *"Se eu não fizesse isso, o Brasil não seria bicampeão do mundo. Eu realmente só me convenci de que fiz o pênalti depois, quando vi o filme [do jogo]. Mas é aquela coisa de malandragem. Eu dei sorte porque o juiz estava distante. Se ele estivesse em cima, mesmo com todo gesto que eu fizesse, ele ia marcar, porque foi dentro da área. Mas aí eu dei um passo à frente, ergui os braços e ele achou que não foi pênalti."*[4]

Pura malandragem!

Zózimo domina a bola antes de acionar Garrincha
(*Última Hora*/Arquivo Público do Estado de São Paulo)

Na sequência do lance, Puskás cobrou a falta, Garrincha rebateu de cabeça e Peiró marcou um gol de bicicleta. Mas o árbitro já tinha invalidado a jogada com a bola no ar. Ninguém entendeu, pois não havia irregularidade aparente! A partir daí, os espanhóis começaram a fazer cera, enquanto a seleção brasileira não conseguia levar perigo à defesa

---
4. Entrevista ao autor em 1998 (Rádio Eldorado).

adversária. Mas a equipe da Espanha já estava cansada e começou a dar espaço para Garrincha.

A ressurreição estava próxima!

Vinte e sete minutos do segundo tempo: a sorte dos comandados de Aymoré Moreira começou a mudar no jogo e na Copa do Mundo. Zito, com muita raça, roubou a bola de um defensor, tocou para Vavá que rolou para Zagallo, na esquerda. O camisa 21 avançou e cruzou rasteiro na pequena área. O predestinado Amarildo conseguiu se antecipar e mandou para o fundo das redes de Araquistain: 1 a 1. Desolados, os zagueiros espanhóis colocaram as mãos na cabeça e se entreolharam. Os fotógrafos invadiram o gramado para registrar o abraço de Amarildo em Zagallo.

O segundo gol da seleção deixa o goleiro espanhol desolado
(*Última Hora*/Arquivo Público do Estado de São Paulo)

Depois do gol, o comportamento dos brasileiros mudou completamente. Garrincha lançou Vavá que, por pouco, não balançou as redes na saída do goleiro. Em seguida, Gylmar dos Santos Neves fez uma defesa milagrosa em um ataque espanhol.

O relógio marcava 41 minutos, quando se sobressaiu a genialidade de Mané Garrincha, que passou a jogar por ele e por Pelé. Marcado por dois atletas na direita, o "gênio das pernas tortas" fez uma jogada em "câmera lenta". Driblou o primeiro marcador, segurou a bola, passou pelo segundo e foi até a linha de fundo. O cruzamento, preciso e precioso, encontrou a cabeça de Amarildo que só tocou a bola para o fundo das redes. Araquistain entrou em desespero pois, ao cair no chão, ele se "embolou" com um zagueiro: 2 a 1. Mais uma invasão de fotógrafos no gramado. Até o técnico Aymoré Moreira foi comemorar com os jogadores dentro de campo.

Era a consagração de Amarildo!

Minutos depois, Garrincha passou a humilhar a defesa adversária: driblou três marcadores e tocou rasteiro para Amarildo, que sofreu pênalti, mas o árbitro não marcou. Nos instantes finais, a torcida começou a gritar "olé" a cada troca de passes da seleção brasileira. O apito final representou o encerramento de uma das partidas mais dramáticas da história do futebol nacional e, para muitos cronistas, a Copa começou a ser ganha naquele instante.

A seleção brasileira terminou em primeiro no grupo e a Tchecoslováquia, mesmo com a derrota para o México por 3 a 1, ficou na segunda colocação. Os jogadores se abraçavam e a festa continuou nos vestiários. A imagem simbólica da vitória é a de Pelé dando um beijo no rosto de Amarildo. Já os espanhóis, estavam eliminados da Copa.

Os jornais do dia seguinte apresentaram manchetes efusivas: "*Vitória da seleção de ouro sacudiu o Brasil de emoção: das lágrimas de um revés iminente à explosão de alegria*", "*Dois gols do novo 'Rei' liquidaram a fúria da 'legião estrangeira'*". "*'Manolo' Garrincha, toureiro de chuteiras e calção*". "*Amarildo 'agarrou' a 'fúria' a gols: dois a um.*"

Pelé demonstrou humildade: "*Talvez eu não fizesse melhor!*" De acordo com o Rei, "*O pior já passou. Não perdemos o jogo contra os tchecos e contra a Espanha. O Amarildo está aí mesmo. (...) Quem sabe se Deus está querendo que agora seja a vez de Amarildo?*", declarou à revista O Cruzeiro. O camisa 10 dizia que acreditava muito no "papagaio", apelido de Amarildo, conhecido entre os companheiros por falar demais. Para Djalma Santos, "*os veteranos na seleção não perderam a juventude, mas não pode haver desespero ou perturbações.*"

Pelé e Amarildo se abraçam depois da vitória contra a Espanha
(*Última Hora*/Arquivo Público do Estado de São Paulo)

O técnico Aymoré Moreira reconheceu à imprensa que chegou a pensar em não escalar Didi para o duelo contra a Espanha, pois o jogador vinha demonstrando nervosismo nos dias que precederam a partida. O duelo pessoal com Di Stéfano, que nem chegou a entrar em campo, trazia preocupações. O fato é que, revendo aquela partida, Didi não teve um bom desempenho, mas o "príncipe etíope" era um comandante nato, e trazia experiência ao escrete. Nas páginas do jornal *Gazeta Esportiva*, o desabafo de Mané Garrincha: "*Caramba! Eles deram trabalho. Foi um sofrimento este jogo. Mas achamos o caminho do gol. Agora, vamos descansar um pouco e entrar em novas batalhas.*"

No Brasil, as comemorações avançaram a noite e deixaram um saldo negativo. O jornal *Última Hora* registrou que uma pessoa morreu e sete ficaram feridas no Rio de Janeiro. Ney Lúcio Rodrigues, de 20 anos, viajava em um trem da Central do Brasil, estava pendurado na porta quando soube de um dos gols da seleção e começou a comemorar. No entanto, ele não viu um poste, chocou-se e morreu. Pessoas foram hospitalizadas por causa de queimaduras provocadas por rojões. Já em Brasília, os gritos de gol dos funcionários do Palácio do Planalto faziam eco pelos corredores.

No Estádio Sausalito, em meio à comemoração, um fato curioso. Um médico paulista, oculista do goleiro Gylmar, quebrou a perna ao tentar pular do alambrado. Quem também estava no Chile era o poeta brasileiro Thiago de Mello, que foi abraçar Amarildo. Valia tudo para celebrar a vitória, marcada pelo nervosismo, conforme ressaltou O Globo: "*O nervosismo dos jogadores brasileiros, que pela primeira vez entraram em campo sem Pelé, permitiu à Espanha estabelecer e manter por quase 70 minutos uma vantagem no marcador que poderia significar a perda de todas as esperanças do bicampeonato. Mas o sangue e a capacidade de reação desses jogadores produziam os dois gols de Amarildo, sucessor de Pelé.*"

O presidente da CBD, João Havelange, que estava no Brasil, felicitou os jogadores: "*Sob todos os aspectos, foi uma vitória grandiosa do futebol brasileiro, que demonstrou, mais uma vez, seu elevado nível técnico. Numa partida de tamanha importância, saímos de um resultado adverso para a conquista das mais expressivas. Telegrafei à nossa seleção, felicitando todos os seus integrantes.*"

O sempre efusivo Nelson Rodrigues chamou Amarildo de "possesso", que, segundo o dicionário, é alguém "endemoniado". Em sua crônica, o escritor pernambucano retratava a alegria do torcedor brasileiro: "*(...) Amigos, não é hora de escrever bem. Fosse eu um Goethe na Itália e, diante do triunfo de ontem, estaria escrevendo horrendamente mal. Ganhamos. E que fazer agora, senão arrancar do nosso peito um gemido solene e fundo, como um mugido cívico? (...) Saímos à rua. Eu disse 'cidade bêbada' e já explico: – fomos uma nação em pileque unânime. De pileque sem ter bebido nem água da bica. E é lindo, e gostoso, e sublime quando não há, entre 75 milhões de sujeitos, não há um único sóbrio. E já um nome me ocorre: Amarildo, o 'possesso'. (...) Diziam a vitória do Brasil e mais: – profetizavam o nascimento de um novo Pelé (...).*"

Pelé estava nas arquibancadas de Sausalito ao lado de Bellini e Pepe, conforme o relato de Fiori Gigliotti na transmissão da Rádio Panamericana. A revista *O Cruzeiro* também registrou a presença do Rei: "*Chegou cedo e ficou ao lado dos reservas da seleção. Vibrou como um torcedor comum, quando Amarildo marcou o gol de empate, e se excedeu mesmo quando seu substituto conquistou o gol da vitória. Pelé esqueceu a distensão e pulou como um maluco, de punho esmurrando o ar. Era como se ele próprio tivesse feito o gol. Ao final do jogo, confessou que torcer cansava mais do que se tivesse estado em campo.*"

Em Campos, no Rio de Janeiro, a reportagem de *O Cruzeiro* conversou com os pais de Amarildo. A mãe, Aida Silveira, tinha em mãos um retrato de Nossa Senhora das Graças: "*Confiava em minha protetora. Confiava na gana, no sangue, na fibra e no futebol do meu garoto*". Já o pai de Amarildo, o ex-futebolista Amaro Silveira, tinha defendido a seleção brasileira no Sul-Americano de 1923, no Uruguai, em Montevidéu. O curioso é que ele jogou ao lado de Aymoré Moreira, responsável pela escalação do filho.

Os duelos pelas quartas de final da Copa estavam definidos e foram disputados em 10 de junho: Brasil x Inglaterra, Alemanha x Iugoslávia, Chile x URSS e Tchecoslováquia x Hungria.

Brasileiros e ingleses tinham se enfrentado na primeira fase da Copa de 1958, em Gotemburgo, na Suécia. O jogo terminou empatado sem gols: foi o primeiro zero a zero da história dos mundiais.

Felizmente, quatro anos depois, a história seria diferente, graças a Mané Garrincha.[5]

Manchetes dos jornais (Brasil 2 x 1 Espanha)

Jornal dos Sports: "Vitória sensacional: 2 x 1"

Folha de S. Paulo: "Dois gols de Amarildo classificam o Brasil"

---

5. Garrincha não jogou contra a Inglaterra em 1958. Mané entrou em campo na partida seguinte, contra a URSS, assim como Pelé.

O Globo: "Vitória de sangue e nervos em Sausalito"

Estado de S. Paulo: "O Brasil venceu por 2 a 1: está classificado"

Diário da Noite: "Brasil liquidou a Espanha nos vinte minutos finais"

Gazeta Esportiva: "Com Pelé ou sem Pelé - Olé! Olé! Olé!"

Capa do jornal *Última Hora*
(Arquivo Público do Estado de São Paulo)

tão na antologia do futebol mundial, é estrela destacada da seleção brasileira na VII Copa do Mundo."

(*O Cruzeiro*)

Vavá aproveita rebote do goleiro e marca o segundo gol brasileiro
(*Última Hora*/Arquivo Público do Estado de São Paulo)

7

Só um cachorro dribla Mané
Brasil 3 x 1 Inglaterra

BRASIL 3 × 1 INGLATERRA – Viña del Mar – 10.06.62

<u>Brasil</u>: Gylmar, Djalma Santos, Mauro, Zózimo e Nilton Santos; Zito e Didi; Garrincha, Vavá, Amarildo e Zagallo

Técnico: Aymoré Moreira

<u>Inglaterra</u>: Springett, Armfield, Ramon Wilson, Flowers, Greaves, Hitchens, Haynes, Bobby Charlton, Norman, Bobby Moore e Bryan Douglas

Técnico: Walter Winterbottom

<u>Árbitro</u>: Pierre Schwinte (França)

<u>Gols</u>: Garrincha (30) e Hitchens (38) no primeiro tempo. Vavá (8) e Garrincha (14) na etapa final.

<u>Público</u>: 17.000

Em 1958, Garrincha encantou o público com dribles desconcertantes e jogadas imprevisíveis. Mas os últimos minutos da partida contra a Espanha revelaram a disposição de Mané de ir além de sua jogada característica. Garrincha percebeu que precisava dividir com Amarildo a tarefa de substituir Pelé e voltou a surpreender a crônica esportiva com um repertório muito maior: gols de cabeça e até com o pé esquerdo. Mané passou a se movimentar como nunca: deixou a ponta, foi para o meio e até se aventurou a dar apoio pela esquerda. Mais uma vez mostrou para o planeta que era um craque de primeira grandeza e, agora, com uma versatilidade impressionante.

A escalação da seleção brasileira contra a Espanha foi mantida até o fim da Copa. Dos onze atletas que disputaram a finalíssima de 1958, oito permaneceram em campo até a decisão contra a Tchecoslováquia. E a equipe subiu de produção. A classificação para as quartas de final trouxe um novo ânimo na busca pelo bicampeonato.

A Copa entrava na fase de "mata-mata": era vencer ou vencer e o próximo desafio não seria fácil. A seleção da Inglaterra, comandada por Walter Winterbottom, passava por um processo de renovação, mas, mesmo assim, não abandonou a "pompa". Bobby Charlton, Bobby Moore e Bryan Douglas eram os destaques do time. O treinador inglês tentava amenizar a força da seleção brasileira ao dizer que a equipe, sem Pelé, era outra.

Pelo lado do Brasil, nem mesmo a vitória diante da Espanha foi capaz de amenizar as especulações sobre a volta do Rei. "*Preso a uma cama na concentração de Quilpué, o rei Pelé trava uma batalha em que, pela primeira vez na sua vida, é a imobilidade e não a sua agilidade de campeão que poderá levar à vitória. A seu favor tem a solidariedade dos companheiros*", detalhava *O Globo*. O técnico Aymoré Moreira poupou os principais atletas de treinos mais exaustivos, principalmente no dia seguinte ao duelo contra os espanhóis, e a seleção chegou em boas condições físicas para o jogo contra a Inglaterra.

O clima no ônibus até o estádio era bom, de acordo com Didi: "*No ônibus, a caminho do Estádio de Sausalito, íamos cantando as músicas compostas pelo Mané e pelo Castilho. As letras sempre mexem com a gente, mas são muito engraçadas. Mário Trigo [dentista], entre uma e outra música, contava suas anedotas. Isso serviu para deixar-nos ainda mais à vontade."*

Domingo, 10 de junho de 1962: Brasil e Inglaterra fizeram um confronto histórico em Viña del Mar. Pela primeira vez, a seleção jogou como uma autêntica campeã e, depois de uma etapa inicial equilibrada, dominou os ingleses e ganhou bem do adversário.

Mané (ao fundo) e o cachorro que invadiu o gramado
(*Última Hora*/Arquivo Público do Estado de São Paulo)

O árbitro Pierre Schwinte, que tinha apitado o jogo da seleção contra os tchecos, autorizou o começo da partida às 15h30. Nos instantes iniciais, os 17.000 torcedores se divertiram com uma cena que correu o mundo. Um cachorro invadiu o gramado e deu trabalho para ser retirado. Garrincha foi literalmente driblado pelo animal, talvez a única vez na vida em que ficou perdido em campo. O público delirou e deu risada. Na sequência, o inglês Greaves se ajoelhou e ficou frente a frente com o cachorro. Depois de um instante de suspense, o jogador conseguiu pegá-lo e o entregou a um representante da FIFA.

O *Jornal dos Sports* fez questão de entrevistar Greaves depois da partida: "*Greaves, zagueiro central, já conhecido do público brasileiro através do videoteipe, como o único que conseguiu agarrar o cãozinho preto que invadira o gramado durante o jogo, é um jovem simpático, de 22 anos, residente em Londres. Falando ao Jornal dos Sports, disse que é casado, pai de duas meninas e possui nada menos do que 4 cachorrinhos em casa, daí sua facilidade em lidar com estes animais e de ter saído-se bem em Sausalito*". Segundo *O Cruzeiro*, Greaves "latiu" para distrair o cachorro, cujo dono era o administrador do Estádio Sausalito. Minutos depois, outro cão invadiu o campo, mas o animal correu pelo gramado de ponta a ponta e não deu trabalho.

Passado o momento "*pet*" do jogo, a seleção brasileira apresentou boa movimentação. O meio de campo e a zaga funcionavam bem. Djalma Santos, Zózimo e Didi fizeram uma boa apresentação. Mas alguns jogadores ainda pareciam amarrados, como Vavá e Amarildo. Entretanto, o nome daquele inesquecível duelo foi Garrincha, que não se limitou a atuar pela ponta direita.

O primeiro gol brasileiro deixou a defesa inglesa atônita
(*Última Hora*/Arquivo Público do Estado de São Paulo)

Aos 30 minutos, Zagallo cobrou escanteio da esquerda e Mané, na entrada da pequena área, subiu mais do que o zagueiro e cabeceou para o fundo das redes. O goleiro Springett parecia perdido. A bola passou entre ele e um defensor: 1 a 0. A revista *Manchete* trouxe a palavra do ponteiro: "*Garrincha fez a reportagem do seu primeiro gol: 'aposto que eles duvidavam que eu soubesse pular tão alto'*". O defensor Norman ficou desolado no chão. Essa era uma jogada ensaiada pelo técnico Aymoré Moreira: Zagallo cobrava o escanteio, Amarildo fazia um corta-luz e confundia a defesa, abrindo espaço para a cabeçada de Mané.

Em desvantagem no placar, os ingleses começaram a pressionar e deram trabalho para a zaga brasileira. Aos 38 minutos, em uma desatenção da defesa, o *English Team* empatou. Depois de uma cobrança de falta da direita, um inglês cabeceou na trave esquerda de Gylmar. A bola sobrou para Hitchens, que aproveitou o rebote na pequena área e chutou para o gol vazio: 1 a 1. O empate não assustou a seleção brasileira que iria subir de produção no segundo tempo.

Didi cai no gramado enquanto Amarildo conversa com um jogador inglês
(*Última Hora*/Arquivo Público do Estado de São Paulo)

Amarildo, que estava meio apagado no duelo, sentiu uma contusão e deixou os companheiros preocupados no intervalo. "*Aymoré pediu para que saíssemos como no início da partida e, se o Amarildo não aguentas-*

se, devíamos mandá-lo para a ponta direita, jogando o Mané para a meia-
-esquerda", relatou Didi à revista *O Cruzeiro*.

Preocupações à parte, na etapa final, o gol brasileiro não demorou a sair. Aos oito minutos, Didi estava se preparando para cobrar uma falta a cerca de dois metros da grande área, quando Garrincha surpreendeu a todos. Mané correu como um "foguete" e chutou, a bola passou pela barreira e o goleiro Springett "bateu roupa". Vavá, praticamente sozinho, aproveitou o rebote e marcou de cabeça: 2 a 1. Finalmente o centroavante brasileiro desencantou na Copa e, a partir daí, só iria melhorar na competição. "*Custou mas 'desencantei'! Você não imagina a minha alegria ao ver a menina [a bola], quietinha, no fundo das redes. Nem acreditava. Agora vamos para frente*", declarou Vavá ao jornal *Gazeta Esportiva*.

Garrincha cobra falta em lance que originou o gol de Vavá
(*Última Hora*/Arquivo Público do Estado de São Paulo)

A seleção "matou" o jogo seis minutos depois. Didi estava no círculo central e lançou Amarildo, que dominou e tocou para Garrincha. Mané estava na intermediária inglesa, um pouco antes da meia-lua, quando percebeu o goleiro adiantado e chutou por cobertura: 3 a 1, um golaço. Para o jornal *Última Hora*, foi "a folha-seca de misericórdia". Aliás, "folha-seca" era um chute característico de Didi, que subiu de produção naquele jogo. "*Pouco antes de terminar a partida, Didi dirigiu um fabuloso balé, saudado com olés pela torcida brasileira*", ressaltou a *Manchete*. Para a *Gazeta Esportiva*, "*Garrincha finta até a sua sombra.*"

Os jogadores e a torcida explodiram de alegria com o apito final do árbitro. Assim como há quatro anos, a seleção brasileira estava garantida nas semifinais e já era uma das quatro melhores da Copa. O técnico Aymoré Moreira fez um desabafo: *"Chegamos ao máximo. O resto, agora, é com Deus"*. O treinador explicou aos repórteres que a seleção tinha se adaptado bem ao esquema 4-3-3. Já o goleiro Gylmar demonstrou irritação com o gol sofrido: *"Não era o meu dia. Aquele gol que deixei passar colocou em risco nossa vitória"*. Mas o goleiro brasileiro estava exagerando, a retaguarda brasileira foi pouco ameaçada pelos ingleses, apesar do duro duelo: Zagallo perdeu 3 kg, Didi saiu com uma ferida na perna direita e Amarildo teve distensão na coxa esquerda.

Chute de Mané encobre o goleiro: 3 a 1
(*Última Hora*/Arquivo Público do Estado de São Paulo)

Os jogadores brasileiros se despediram do Estádio Sausalito, pois a próxima partida seria disputada em Santiago, assim como a final, caso a seleção chegasse lá. Os atletas, agora semifinalistas, deram a volta olímpica com a bandeira do Chile.

A imprensa inglesa rasgou elogios ao Brasil. *"A Inglaterra sucumbiu, mas de cabeça erguida. Um quadro valoroso que foi eliminado cientificamente pelo Brasil, campeão do mundo, composto por onze diamantes, o maior conjunto da terra"*. (Desmond Hackett, do *Daily Express*). Já o *Daily Mail* chamou Garrincha de "demoníaco". Assim como já tinham feito em 1958, os tabloides britânicos compararam Mané ao antigo ponta inglês Stanley Matthews: *"Garrincha, mais do que um 'Super Stanley Matthews' é o único e primeiro do mundo que pode decidir sozinho a sorte de uma peleja"*. O jornal *Última Hora* também ressaltou o desempenho de Garrincha e imaginou o que estaria se passando na cabeça do marcador dele: "*O extrema assombroso fez Wilson viver a experiência mais inesquecível de toda sua vida.*"

O Globo relatou a festa na cidade do Rio de Janeiro: "*Com as alegrias naturais de uma vitória, mas sem o drama da partida contra a Espanha, o resultado de Brasil x Inglaterra foi saudado com gritos e explosões de bombas em toda a cidade. Em cada esquina, apesar de não ser dia útil, um grupo se concentrava em volta de um transmissor para explodir em manifestações a cada um dos três gols do quadro brasileiro, em dia de mais acerto e inspiração.*"

Depois de uma primeira fase dramática, a seleção brasileira contornou as críticas e finalmente apresentou um bom futebol que lhe garantiu uma vitória convincente diante dos ingleses. Apesar de uma batalha limpa, Garrincha, Amarildo, Djalma Santos, Didi, Zagallo e Vavá apresentavam algum tipo de contusão, mas, felizmente, puderam entrar em campo nas semifinais. Aliás, Amarildo ficou chateado. "*Puxa vida! Que azar o meu. Senti minha perna esquerda, na altura da coxa, não podendo me movimentar bem. Mas, felizmente, meus companheiros jogaram como nunca*", declarou à *Gazeta Esportiva*.

No dia seguinte ao jogo, Pelé foi submetido a um teste secreto com o médico Hilton Gosling para saber se poderia voltar a jogar. No entanto, o Rei ainda sentia dores e permaneceu vetado. Quem sabe na final!

Ainda no domingo, dia 10, a delegação brasileira foi de trem para Santiago. No entanto, a concentração em Quilpué não foi desmobilizada. "*A concentração de 'El Retiro' será mantida, portanto. Após o jogo [contra o Chile], a delegação retornará a Viña del Mar somente voltando a Santiago na véspera do último compromisso na Copa*", segundo a *Última Hora*.

Nos demais duelos pelas quartas de final, o Chile conseguiu uma grande vitória diante da poderosa URSS: 2 a 1. Jogando em Arica, os anfitriões garantiram a vaga com um resultado histórico diante da União Soviética. Yashin falhou e Leonel Sánchez abriu o placar aos 11 minutos do primeiro tempo. Chislenko empatou aos 27, mas, um minuto depois, Rojas marcou o gol da classificação. O goleiro soviético estava com febre e não teve bom desempenho. Pela primeira vez, o Chile era semifinalista e iria enfrentar a seleção brasileira. Um dia de muita festa no país com comemoração pelas ruas.

Já em Santiago, a Iugoslávia se vingou da Alemanha. Os iugoslavos tinham sido eliminados pelos alemães nas quartas de final das duas Copas anteriores. Mas, em 1962, a história foi outra. Radakovic balançou as redes aos 42 minutos do primeiro tempo: 1 a 0.

Em Rancágua, a Tchecoslováquia venceu a Hungria também por 1 a 0. O gol da classificação veio aos 14 minutos do primeiro tempo com Scherer. A partida foi equilibrada, mas os tchecos conseguiram segurar o resultado.

As semifinais foram disputadas em 13 de junho: Chile x Brasil e Tchecoslováquia x Iugoslávia.

A seleção brasileira mais uma vez deu mostras de que tinha tudo para conquistar o bicampeonato e calou mais de 70 mil chilenos presentes ao Estádio Nacional, em Santiago.

Manchetes dos jornais (Brasil 3 x 1 Inglaterra)

Jornal dos Sports: Triunfo consagrador: 3 a 1"

Folha de S. Paulo: "Brasil, 3, Inglaterra, 1: Garrincha levou a seleção à vitória"

O Globo: "Garrincha e Vavá deram a vitória ao Brasil"

Estado de S. Paulo: "O Brasil é semifinalista: Pelé talvez jogue"

Gazeta Esportiva: "'Good bye', mister!"

"Eu dei pontapé, mas não quis machucar ninguém."

(Declaração de Garrincha à *Revista do Esporte*, após ser expulso de campo)

Garrincha comemora gol contra os chilenos
(*Fundo Correio da Manhã*/Acervo Arquivo Nacional)

8

Calando a torcida
Brasil 4 x 2 Chile

BRASIL 4 × 2 CHILE – Santiago – 13.06.62

<u>Brasil</u>: Gylmar, Djalma Santos, Mauro, Zózimo e Nilton Santos; Zito e Didi; Garrincha, Vavá, Amarildo e Zagallo

Técnico: Aymoré Moreira

<u>Chile</u>: Escuti, Eyzaguirre, Raúl Sánchez, Contreras, Eladio Rojas, Jaime Ramírez, Toro, Landa, Leonel Sánchez, Manuel Rodríguez e Tobar

Técnico: Fernando Riera

<u>Árbitro</u>: Arturo Yamasaki (Peru)

<u>Gols</u>: Garrincha (9 e 31) e Toro (41) no primeiro tempo. Vavá (3 e 33) e Leonel Sánchez (17) na etapa final.

<u>Público</u>: 72.896 (recorde de público da Copa)

Quando o Brasil perdeu a Copa de 1950 para o Uruguai em pleno Maracanã, houve um silêncio que foi chamado de "ensurdecedor" pela crônica esportiva. Doze anos depois, guardadas as devidas proporções, uma outra torcida, a chilena, também emudeceu. Mais de 72.000 pessoas lotaram o Estádio Nacional, em Santiago. A maioria tinha a expectativa de ver a seleção anfitriã, comandada por Fernando Riera, conseguir a vaga na finalíssima. Entretanto, os chilenos tinham pela frente "apenas" a equipe campeã do mundo. Cerca de quinhentos brasileiros estavam nas arquibancadas.

Até o último instante, a comissão técnica da seleção brasileira fez pressão psicológica e não anunciou que Pelé continuaria ausente. Tudo valia para deixar o adversário temeroso. O fato é que o Rei permanecia sem condições de jogo e Aymoré Moreira manteve as peças da boa vitória contra a Inglaterra. Preocupação dentro e fora de campo também. O cuidado com a comida dos brasileiros foi redobrado, pois era prudente evitar que algo fosse colocado no alimento servido aos jogadores. Afinal, o Brasil iria enfrentar os donos da casa. A comissão técnica preparou, então, sanduíches para os atletas. Isso mesmo: foi na base de sanduíches que a seleção entrou em campo naquela quarta-feira à tarde no Estádio Nacional.

Os capitães Mauro Ramos de Oliveira e o goleiro Escuti trocaram flâmulas e posaram para os fotógrafos do mundo todo. O Chile sonhava chegar, de forma inédita, à decisão da Copa, enquanto que o Brasil queria dar mais um passo ao bicampeonato. O árbitro peruano Arturo Yamasaki autorizou o início do duelo, disputado debaixo de sol, mas a temperatura média era de 12 graus, às 15h30. As cores amarela e vermelha dos uniformes começaram a desfilar no gramado. O início do jogo foi de cautela das duas equipes.

Os torcedores locais faziam muito barulho quando se calaram pela primeira vez, aos nove minutos. Zagallo cruzou da esquerda em direção à área, Amarildo tentou uma jogada de bicicleta, mas furou, quando Mané Garrincha acertou um "petardo" de pé esquerdo. A bola entrou no ângulo esquerdo do goleiro Escuti. Um golaço que silenciou o Estádio Nacional.

Os comandados de Aymoré continuaram no ataque e Garrincha foi derrubado dentro da área, mas o árbitro deu falta em dois lances. Na sequência, Amarildo chutou para fora. Já os chilenos estavam mal de pontaria e pouco ameaçaram a meta de Gylmar dos Santos Neves. Entretanto, os adversários começaram a pressionar em busca do empate. Em uma boa troca de passes, a bola bateu na trave direita do Brasil, depois de um chute perigoso de fora da área. Em seguida, Vavá invadiu a área sozinho e balançou as redes adversárias. Entretanto, a arbitragem marcou impedimento. Depois, Amarildo perdeu um gol frente a frente com Escuti.

Aos 31 minutos, Zagallo cobrou escanteio e Garrincha cabeceou no canto direito do goleiro: 2 a 0. O lance foi praticamente igual ao da partida contra a Inglaterra. A seleção brasileira mostrava bom volume de jogo, excelente toque de bola e, mais uma vez, Mané se destacou. O Chile conseguiu diminuir dez minutos depois do gol brasileiro. Toro cobrou uma falta de longa distância e a bola entrou no ângulo direito de Gylmar, que se esticou todo, mas não conseguiu fazer a defesa.

Toro acerta o ângulo de Gylmar
(*Última Hora*/Arquivo Público do Estado de São Paulo)

A torcida explodiu de alegria e se animou com o golaço: 2 a 1, placar que ficou inalterado até o fim do primeiro tempo. Aliás, foi a única vez em toda a Copa que a seleção brasileira terminou a etapa inicial com vantagem no marcador.

O time da casa voltou empolgado para a etapa final, mas Vavá jogou uma ducha de água fria nos torcedores. Logo aos três minutos, Garrincha cobrou escanteio pela direita e o camisa 20 do Brasil disputou espaço com um zagueiro, na altura da marca do pênalti, e conseguiu cabecear: a bola quicou no chão e entrou no canto esquerdo de Escuti. Na comemoração, Vavá saltou com os braços erguidos e foi abraçado pelos companheiros. Uma festa!

Aos dezessete minutos, em um lance de ataque do Chile, a bola bateu no braço de Zózimo e o árbitro marcou pênalti. O artilheiro Leonel Sánchez converteu e diminuiu o marcador: 3 a 2. Os donos da casa se animaram e tiveram, na sequência, duas chances de empatar. Os brasileiros também perderam boas oportunidades, principalmente com Garrincha.

Vavá observa jogada na área chilena
(*Última Hora*/Arquivo Público do Estado de São Paulo)

O relógio marcava 33 minutos quando Zagallo cruzou da esquerda e Vavá, como um "rolo compressor", entrou no meio de dois zagueiros e cabeceou no canto direito de Escuti, que ficou parado: 4 a 2. Nova explosão de alegria da seleção brasileira que carimbava o passaporte para a finalíssima da Copa.

No entanto, apesar do placar definido, um dos últimos lances do duelo entrou para a história daquele mundial. Landa já tinha sido expulso por ato violento contra Zito, enquanto Garrincha, cansado de apanhar dos marcadores, principalmente de Rojas, resolveu devolver a agressão. Mané não foi violento, deu um toque com a ponta da chuteira no adversário. O bandeirinha uruguaio, Esteban Marino, viu a cena e dedurou Garrincha ao árbitro peruano Arturo Yamazaki. O juiz, então, resolveu expulsar o ponteiro do Brasil.

Mané com a cabeça enfaixada
(acervo pessoal do autor)

Ao sair do campo, Mané ainda levou uma pedrada da torcida. São inúmeras as fotos dele com a cabeça enfaixada, já nos vestiários. O médico Hilton Gosling tomou um susto ao ver o jogador machucado. Depois do jogo, Didi encontrou Mané e perguntou para ele o que tinha acontecido. *"Quando ia saindo, mandaram uma porção de pedras em cima de mim. Quis tirar uma de cabeça"*, declarou aos risos Garrincha na conversa com Didi. O ponta teria dito ao médico Hilton Gosling: *"Eu não tinha nenhuma recordação do Chile. Vou levar esta."*

A revista *O Cruzeiro* registrou o momento em que Mané deixou o gramado e se encontrou com o treinador brasileiro: "*Aymoré foi ao encontro de Garrincha e segurou-o pelo braço. As vaias aumentavam, à medida que ele caminhava em volta do campo, na direção do túnel. Era a primeira vez que, na sua carreira de jogador de futebol, Mané Garrincha saía de campo expulso pelo juiz. Pagava pelo seu gesto irrefletido e infeliz de dar um pontapé, por trás e sem bola, num adversário. Ele que sempre aceitou com a maior resignação a brutalidade e até mesmo a deslealdade de seus marcadores*". O jornal *O Globo* relatava: "*Pagou o preço de uma perseguição implacável da defesa chilena e acabou por ser expulso por uma decisão do juiz peruano que com ela acrescentou mais uma ao rosário de queixas dos brasileiros, que incluem um pênalti a favor não marcado e outro contra que foi o segundo gol chileno*."

A presença do ponta brasileiro na final dependeria do julgamento por um tribunal de arbitragem da FIFA. Foi aí que a cartolagem brasileira "mexeu os pauzinhos". No dia seguinte ao duelo, a *Folha de S. Paulo* apresentou a seguinte manchete: "*Garrincha hoje é réu*". Entretanto, o uruguaio Esteban Marino não apareceu para dar o testemunho dele e Garrincha foi absolvido.

Esse é um dos episódios mais controversos da Copa de 1962 e gera especulações até hoje. Por que o bandeirinha não foi ao julgamento? Esteban Marino era conhecido dos cartolas de São Paulo, já tinha apitado partidas do Campeonato Paulista. Será que houve suborno?

O ex-árbitro Olten Ayres de Abreu, suplente de João Etzel no mundial, fez uma revelação anos depois. Segundo Abreu, os cartolas da CBD pediram para que Etzel entregasse uma mala contendo 10 mil dólares a Esteban Marino. Por esse motivo, o bandeirinha uruguaio simplesmente desapareceu do Chile e não testemunhou contra Mané Garrincha.

A diplomacia brasileira também pressionou a FIFA para que o craque brasileiro pudesse jogar a final da Copa. De acordo com o jornalista Plínio Fraga, autor de *Tancredo, o Príncipe Civil*, o primeiro-ministro Tancredo Neves enviou um telegrama ao presidente da Federação, Stanley Rous, pedindo a absolvição de Garrincha com base nos bons antecedentes do jogador.

Tancredo mandou ainda uma mensagem a Paulo Machado de Carvalho: "*Estamos certos de que a FIFA fará justiça à disciplina dos atletas brasileiros, assegurando, na partida final, a presença de todos os valores de nossa equipe, especialmente esse admirável Garrincha.*"

A possibilidade de Mané ficar fora da finalíssima trouxe grande preocupação ao selecionado brasileiro e aos torcedores. Segundo a *Última Hora*, "*Jogadores, torcedores e dirigentes brasileiros passaram, ontem, de um drama de maus momentos às explosões mais felizes. É que enquanto não havia resultado do julgamento de Garrincha, ninguém tinha vontade de sorrir. Mas quando se soube que Mané fora apenas advertido, todos se deixaram envolver pela euforia, encarando o bi com muito mais confiança.*"

Capa do jornal *Última Hora*
(Arquivo Público do Estado de São Paulo)

Em meio à polêmica, Garrincha foi absolvido e pôde entrar em campo no dia 17 de junho. Mais uma vez a seleção iria enfrentar a Tchecoslováquia. A equipe europeia tinha derrotado a Iugoslávia por 3 a 1, em Viná del Mar, na semifinal. No total, 5.800 torcedores assistiram a esse duelo, no menor público da Copa. Kadraba abriu o placar e o iugoslavo Jerkovic empatou. Scherer, com dois gols, garantiu a classificação dos tchecos, que voltavam a uma finalíssima depois de 28 anos. Em 1934, a Tchecoslováquia perdeu a decisão da Copa para a Itália por 2 a 1, em Roma.

Com a máquina de escrever, Nelson Rodrigues atacou a arbitragem da partida do Brasil contra os chilenos: *"(...) Amigos, temos aí um Eichmann[6] do apito. O que ele fez com Garrincha não tem perdão. Garrincha! Desde o começo da crônica que eu queria falar no Mané. E estou-me perdendo em floreios como faria o já referido orador de gafieira. Garrincha foi a maior figura do jogo, a maior figura da Copa do Mundo e, vamos admitir a verdade última e exasperada: – a maior figura do futebol brasileiro desde Pedro Álvares Cabral. Quando eu dizia que Garrincha era varado de luz como um santo de vitral, os idiotas da objetividade torciam o nariz. Reconheço que faltava ao Mané, realmente, um toque, ou retoque, de martírio. (...) Não foi apenas a vitória do escrete. Foi sobretudo a vitória do homem genial do Brasil. (...) Numa hora de farto pileque cívico, eu quero ter o mau gosto de um orador de gafieira. Quero falar em bandeiras 'drapejando'. E vamos e venhamos: – foi uma vitória colossal, uma selvagem vitória. Estava tudo contra nós, rigorosamente tudo. Até os Andes tinham enfiado uma máscara até as orelhas."*

A seleção retornou de trem à concentração de El Retiro e a ordem da comissão técnica era blindar os jogadores para evitar clima de "já ganhou", como informou *O Globo*: *"(...) estão terminantemente proibidas quaisquer visitas à concentração dos 'scratchmen' brasileiros. Estes, deixarão El Retiro às 10 horas [do dia da final] e, meia hora depois, estarão partindo em trem especial para Santiago. O almoço será servido durante a viagem, cuja duração é de duas horas. Entretanto, os jogadores irão até Mapacho, ou seja, saltando uma estação antes, de onde vão tomar um ônibus especial que os levará diretamente ao Estádio Nacional de Santiago"*. Conforme informou a publicação, os brasileiros foram para Santiago no mesmo dia da finalíssima e deixaram de vez a concentração de El Retiro.

No sábado, dia 16 de junho, véspera da decisão, o Chile confirmou a boa campanha no mundial e venceu a Iugoslávia por 1 a 0, na disputa pelo terceiro lugar, em Santiago. O gol foi marcado por Rojas aos 45 minutos do segundo tempo.

---

6. Nazista responsável por deportações de judeus durante a Segunda Guerra Mundial.

Manchetes dos jornais (Brasil 4 x 2 Chile)

<u>Jornal dos Sports</u>: "Tchecos serão mais difíceis que chilenos"

<u>Folha de S. Paulo</u>: "Brasil, 4, Chile, 2 - Garrincha apedrejado ao deixar o campo"

<u>O Globo</u>: "Suspense na mais fácil vitória brasileira"

<u>Estado de S. Paulo</u>: "Brasil vence o Chile: bicampeonato à vista"

<u>Diário Carioca</u>: "Garrincha: lição de futebol no Chile levando o Brasil à vitória de 4 a 2"

<u>Diário da Noite</u>: "72 horas separam o Brasil do 'bi'"

<u>Gazeta Esportiva</u>: "Viva Sto. Antônio! 4 bombas no Chile"

Assim como em 1958, no Brasil, os torcedores estavam entusiasmados para acompanhar a seleção na segunda final consecutiva de Copa. As famílias se reuniram para o tradicional almoço de domingo, que seria regado a jogadas de Garrincha, Amarildo, Vavá, Didi, Zagallo e todo o escrete de ouro. Uma outra opção era ouvir a partida em praças das principais cidades brasileiras e, dependendo do resultado, aproveitar para comemorar o título em meio à multidão.

As emissoras de TV reprisavam os gols e as jogadas das partidas anteriores (ver mais no capítulo 10). As ruas estavam enfeitadas e as crianças jogavam bola nas ruas, aguardando o jogo com muita ansiedade. Assim como em 1958, o duelo marcaria o confronto entre o futebol sul-americano e o europeu.

Se você for um privilegiado, ainda dá tempo de comprar um pacote com uma empresa de turismo para assistir, confortavelmente no Estádio Nacional, em Santiago, ao histórico duelo entre Brasil e Tchecoslováquia.

Que venha o bi!

VAMOS A SANTIAGO
TORCER PELA SELEÇÃO

AVIÃO ESPECIAL DA VARIG

SAIDA – DOMINGO, DIA 17, PELA MANHÃ
REGRESSO – APÓS O JOGO

INGRESSOS NUMERADOS NO ESTADIO NACIONAL —
CONDUÇÕES EM ONIBUS ESPECIAIS — REFEIÇÕES INCLUIDAS
COMPLETA ASSISTENCIA DA "EXPRINTER".
INSCREVA-SE HOJE COM OS SEGUINTES DOCUMENTOS:
  CARTEIRA DE IDENTIDADE
  TITULO DE ELEITOR
  CERTIFICADO DE RESERVISTA
  UMA FOTOGRAFIA.

ATENDEMOS ESPECIALMENTE ATÉ AS 24 HORAS.

EXPRINTER

RUA BARÃO DE ITAPETININGA, 243 — FONE: 35-7104

Propaganda publicada nos jornais
(acervo pessoal do autor)

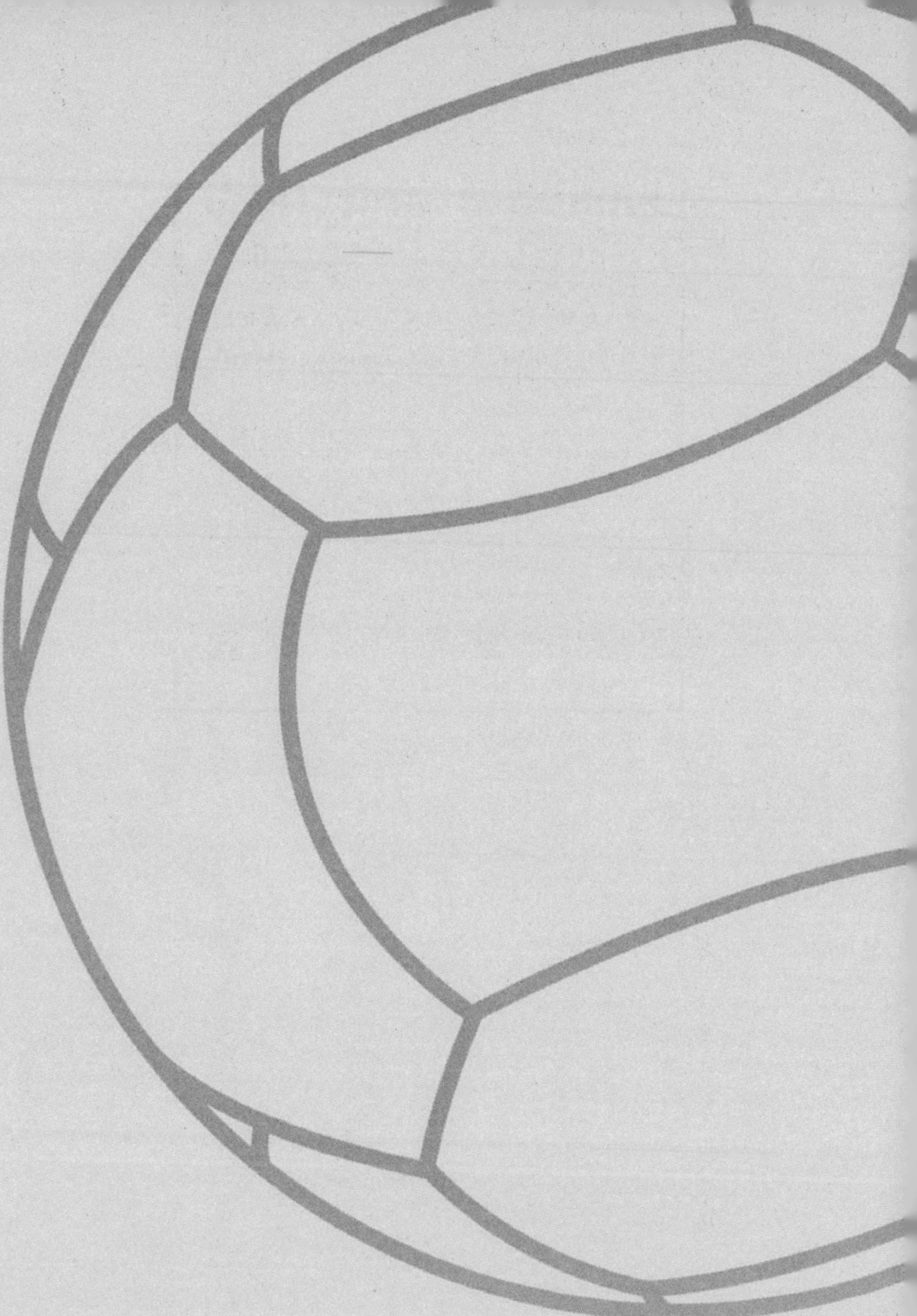

Jogadores da seleção comemoram o gol de Amarildo
(*Última Hora*/Arquivo Público do Estado de São Paulo)

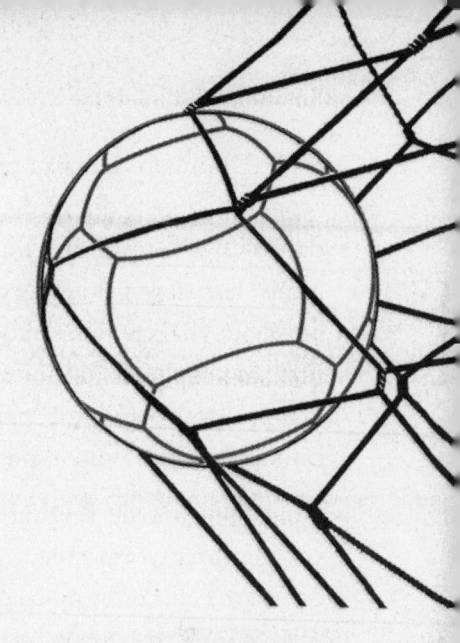

9

O mundo é amarelo
Brasil 3 x 1 Tchecoslováquia

BRASIL 3 × 1 TCHECOSLOVÁQUIA – Santiago – 17.06.62

<u>Brasil</u>: Gylmar, Djalma Santos, Mauro, Zózimo e Nilton Santos; Zito e Didi; Garrincha, Vavá, Amarildo e Zagallo

Técnico: Aymoré Moreira

<u>Tchecos</u>: Schroiff, Popluhar, Novak, Pluskal, Josef Masopust, Scherer, Jelinek, Tichy, Pospichal, Josef Kadabra e Andrej Kvasnak

Técnico: Rudolf Vytlačil

<u>Árbitro</u>: Nikolay Latyshev (URSS)

<u>Auxiliares</u>: Leo Horn (Holanda) e Bob Davidson (Escócia)

<u>Gols</u>: Masopust (15) e Amarildo (17) no primeiro tempo. Zito (24) e Vavá (33) na etapa final.

<u>Público</u>: 71.020

Domingo de baixa temperatura em todo o Chile. O país andino acordava naquele dia 17 de junho de 1962 respirando futebol. Os donos da casa não estavam na final, é verdade, mas a maioria dos torcedores locais, fanáticos pelo esporte mais popular do planeta, apoiava a seleção brasileira. Baixas temperaturas que contrastavam com a alta temperatura do corpo de Garrincha. Mané estava com 40 graus de febre, mas demonstrava disposição para entrar em campo. Liberado para jogar, o camisa 7 sabia de sua responsabilidade.

A novela de Pelé teria o último capítulo naquele dia. Mais uma vez a imprensa especulava que o craque brasileiro poderia ser escalado contra a Tchecoslováquia. Entretanto, o médico Hilton Gosling foi taxativo: *"Pelé está curado, mas não se acha em condições físicas para disputar uma partida tão importante como a final do mundial"*. De acordo com a imprensa brasileira, o frio do Chile teria atrapalhado a recuperação de Pelé. Em sua autobiografia, o Rei admite que queria ter feito as malas bem antes da finalíssima: *"(...) Estava inconsolável, e pedi à diretoria que me deixasse voltar para curar minhas feridas em casa. Mas eles me fizeram ver que eu era mais importante para o moral da equipe no Chile do que no Brasil. O Dr. Paulo me disse: '– Se continuarmos discutindo a possibilidade de você jogar a final, nossos adversários terão mais um motivo de preocupação. Vão ter que mudar de estratégia na última hora, não vão saber qual é a nossa escalação até o último minuto possível, quando entrarmos em campo...'(...)"*. A comissão técnica também demonstrava preocupação com Vavá, Zagallo e Didi. Os três sofreram contusões, mas, felizmente, entraram em campo.

Quatro anos depois da decisão de 1958, a seleção canarinho contou na final com oito jogadores que tinham enfrentado a Suécia: Gylmar, Djalma Santos, Nilton Santos, Zito, Didi, Garrincha, Vavá e Zagallo. A camisa amarela foi usada pela primeira vez pelos brasileiros em uma decisão de Copa, ao contrário da azul, utilizada em Estocolmo, e a branca, no jogo final de 1950. Já os jogadores tchecos estavam com camisas brancas e calções na cor vermelha.

Mais uma vez, brasileiros e tchecoslovacos iriam se enfrentar na Copa. Depois do zero a zero na primeira fase, jogo em que Pelé se contundiu, o duelo seria o tira-teima, com direito ao título mundial e à conquista da taça *Jules Rimet*. Foi uma partida limpa, com boa arbitragem e marcada pelo respeito entre as equipes.

Seleção brasileira antes do duelo final
(*Fundo Correio da Manhã*/Acervo Arquivo Nacional)

Um batalhão de fotógrafos disputava a melhor imagem dos atletas perfilados. A festa do futebol vivia seus momentos finais e mais especiais. O mundo se perguntava: o Brasil iria confirmar a hegemonia ou uma seleção europeia voltaria a conquistar um título?

Mais de setenta mil torcedores presentes ao Estádio Nacional viram o árbitro Nikolay Latychev autorizar o início da partida, às 15h30. Didi declarou: "*Vamos ao bi sem medo de juiz russo*". Em caso de empate, haveria uma prorrogação de 30 minutos. Se a igualdade persistisse, a FIFA promoveria um jogo extra na quinta-feira, 21 de junho.

O início do duelo foi marcado por equilíbrio. Os tchecos deram mostras de que não iriam se retrancar e partiram para o ataque. Já Garrincha parecia mais retraído por causa da febre e do mal-estar, mas nem por isso deixou de brilhar. Gylmar estava atento e bloqueou o primeiro ataque adversário. Já o Brasil insistia em chutes de fora da área. Em um lance de perigo, Garrincha driblou um adversário e cruzou para Vavá, que chutou para fora. Na sequência, foi a vez de Zagallo mandar a bola para área. Dessa vez, Vavá cabeceou de forma certeira para a defesa do bom goleiro Schroiff.

O goleiro Schroiff olha a bola entrar no empate do Brasil
(*Última Hora*/Arquivo Público do Estado de São Paulo)

Didi e Zito faziam marcação implacável no meio de campo e dificultavam as investidas dos adversários. No entanto, aos 15 minutos, uma desatenção de Mauro favoreceu o ataque tcheco. Masopust recebeu a bola na entrada da área e, livre, chutou na saída de Gylmar: 1 a 0. Surpresa! Assim como em 1958, a seleção brasileira saiu em desvantagem na finalíssima.

Entretanto, os comandados de Aymoré Moreira tinham raça, técnica, disciplina e também muita sorte. Apenas dois minutos depois, Zagallo cobrou lateral para Amarildo, o grande substituto de Pelé. O camisa 21 invadiu a área pela esquerda, em meio à marcação de dois adversários, e chutou praticamente da linha de fundo, sem ângulo. Golaço! A bola passou entre Schroiff e a trave, balançando as redes adversárias: 1 a 1. Os jogadores se abraçaram e, a exemplo do duelo contra a Espanha, Aymoré Moreira entrou em campo para comemorar.

A partida ficou bem aberta e Garrincha passou a infernizar o sistema defensivo da Tchecoslováquia com seus tradicionais dribles. Zagallo estava mais ofensivo do que nunca: o ponteiro chutou de fora da área e o goleiro Schroiff se esticou todo para defender ao fazer uma "ponte". Gylmar não deixou por menos e também praticou uma defesa acrobática. O bom toque de bola da seleção brasileira começou a irritar os adversários, que passaram a apelar para faltas, mas nada de violência. O placar não mudaria mais no primeiro tempo.

As duas seleções voltaram a campo para a etapa final sob aplausos da torcida que estava gostando do espetáculo. Faltavam quarenta e cinco minutos ou setenta e cinco minutos (se houvesse prorrogação) para o planeta conhecer o campeão do mundo. Pelé estava nas arquibancadas e era procurado pelos fotógrafos.

Foi a vez da equipe de Aymoré dar a saída de bola e partir cada vez mais para o ataque. Os tchecos retornaram fechados e a alternativa da seleção brasileira era insistir com os chutes de fora da área. Garrincha se movimentava bem e tentava investidas pelo meio. Em outro momento de perigo, Vavá invadiu a área e ficou cara a cara com o goleiro, mas estava impedido. Em um avanço tcheco pela esquerda, Gylmar fez uma "ponte" semelhante à de Schroiff no primeiro tempo. Na sequência, Garrincha foi avançando pelo meio e chutou de fora da área para uma defesa de "cambalhota" do goleiro tcheco.

Aos 24 minutos, em um contra-ataque veloz da seleção brasileira, Zito, o pulmão da equipe, lançou Amarildo pela esquerda. Na correria, um jogador tcheco levou um tombo; caiu pelo caminho. Com muita calma, o camisa 20 dominou a bola, esperou a chegada de um marcador, que foi driblado. Amarildo então cruzou de forma magistral para Zito cabecear para o gol vazio: 2 a 1. Dezenas de fotógrafos invadiram o gramado como se o jogo já tivesse acabado. O árbitro implorava para que eles deixassem o campo.

138

Sequência da cabeçada de Zito na virada brasileira
(*Última Hora*/Arquivo Público do Estado de São Paulo)

Depois da virada brasileira, os tchecos, já cansados, foram perdendo cada vez mais o poder ofensivo e tinham dificuldades para marcar os brasileiros. Amarildo, Vavá e Garrincha davam trabalho, com triangulações e chutes de fora da área. Aos 33 minutos, depois de uma cobrança de lateral pela direita, Djalma Santos dominou e levantou a bola em direção à área. Schroiff foi atrapalhado pelo sol e largou a bola nos pés de Vavá, que não teve nenhuma dificuldade para marcar o terceiro gol da seleção: 3 a 1. O centroavante é o único brasileiro a balançar as redes adversárias em duas finais consecutivas.

O goleiro theco falha e Vavá balança as redes
(*Última Hora*/Arquivo Público do Estado de São Paulo)

Vavá saltava e erguia os braços em uma grande comemoração com direito a nova invasão de repórteres e fotógrafos. Na reta final da partida, os tchecos entraram em desespero e nas últimas tentativas de ataque foram barrados pelo sólido sistema defensivo nacional. Enquanto isso, os comandados de Aymoré apenas administraram o resultado. Aos 45 minutos, o árbitro Nikolay Latyshev pegou a bola das mãos de um tcheco que iria cobrar um lateral e encerrou o jogo.

Brasil bicampeão do mundo: a festa só estava começando.

Zagallo era um dos mais emocionados e chorava copiosamente, amparado por Aymoré Moreira e o médico Hilton Gosling. A revista

Manchete rasgou elogios ao ponta brasileiro: "*Depois de um longo e exaustivo inverno de trabalho, o 'formiguinha' Zagallo poderá descansar no verão, à sombra de sua glória reafirmada nos campos chilenos. Durante 540 minutos, das seis partidas disputadas, ele não parou, ora defendendo, ora atacando.*"

Torcedores carregam Pelé
(*Última Hora*/Arquivo Público do Estado de São Paulo)

Em meio às comemorações, Zagallo deu um abraço efusivo em Paulo Machado de Carvalho. *O Globo* registrou: "*Quando terminou o jogo contra a Tchecoslováquia, milhões de brasileiros choraram de emoção, dentro e fora do campo, no Chile, no Brasil, em toda parte. (...) Zagallo, um dos melhores jogadores de nosso selecionado, e dos que mais se esforçaram na conquista do bicampeonato, chora como uma criança, entre Paulo Machado de Carvalho e Altair, eficiente reserva do selecionado brasileiro.*"

Paulo Machado de Carvalho mostrou que suas convicções estavam corretas e foi até o fim com o plano de trabalho vitorioso pela segunda vez. Na avaliação dele, a conquista serviu como uma resposta aos críticos. "*Todos os componentes da delegação nacional, em especial os vinte e dois 'scratchmen', tornaram-se ainda mais dignos da admiração dos nossos patrícios. A nossa vitória foi fruto de um trabalho organizado e consciente, de uma disciplina férrea e, principalmente, da alta categoria e do extraordinário espírito criador do craque brasileiro*", disse ao jornal *O Globo*.

Vavá e Amarildo cercados por torcedores
(*Última Hora*/Arquivo Público do Estado de São Paulo)

Garrincha sorria e era carregado por torcedores, assim como Gylmar dos Santos Neves, único goleiro titular bicampeão do mundo. Torcedores colocaram nele uma faixa com a inscrição: "*Miss Taça do Mundo*". Assim como em 1958, o massagista Mário Américo e o dentista Mário Trigo conseguiram ludibriar o árbitro e pegaram a bola do jogo. O zagueiro Zózimo aparece em inúmeras fotos segurando o "*souvenir*" durante as comemorações dentro do campo.

Os organizadores armaram um pódio de madeira no gramado para a cerimônia de entrega da taça e uma banda executou o hino nacional brasileiro. O mineiro Mauro Ramos de Oliveira recebeu a *Jules Rimet* das mãos do presidente da FIFA, **Stanley Rous**, e repetiu o gesto de Bellini de quatro anos antes ao erguer o troféu acima da cabeça. Paulo Machado de Carvalho quebrou o protocolo e subiu no pódio para abraçar Mauro. Na sequência, os brasileiros percorreram o campo com uma bandeira do Chile: uma homenagem ao país anfitrião que tão bem acolheu a seleção. Os torcedores acenavam com lenços brancos.

A festa prosseguiu nos vestiários: os campeões chegaram carregados por torcedores que se misturaram aos integrantes da comissão técnica. A reportagem do *Estadão* registrou a invasão ao local: "*(...) Confundidos numa verdadeira maré humana, jogadores, dirigentes, jornalistas e turistas brasileiros cumprimentavam-se e cantavam alegremente, enquanto eram distribuídas garrafas de champanhe e cigarros. Um torcedor caiu numa banheira quando pretendia cumprimentar Garrincha, mas continuou a festejar ruidosamente, com a roupa molhada (...)*". Jair Marinho fez Amarildo beber champanhe na *Jules Rimet*.

Os policiais tiveram dificuldades para retirar os torcedores dos vestiários. Pelé não se esquece da invasão: "*(...) Depois da vitória, corremos para o vestiário para comemorar. Elza Soares estava lá também, acho que era a primeira vez que uma mulher ia a um lugar daqueles. Na época, havia pouquíssimas mulheres envolvidas com futebol. Ela estava lá por causa do Garrincha: as fofocas a nosso respeito tinham terminado (...)*". Pelé conta que os jornais também especulavam sobre um relacionamento entre ele e Elza Soares, mas a cantora estava mesmo se aproximando de Garrincha e os dois se casariam em 1966.

Em meio aos festejos, Aymoré Moreira fez um desabafo: "*A Tchecoslováquia superou até a mais otimista das expectativas, jogando muito bem e chegando a comandar o marcador. Graças à categoria e à experiência internacional dos nossos craques, entretanto, conseguimos manter a tranquilidade e impor a nossa melhor categoria. Logramos o empate, alcançamos a primeira vantagem e, finalmente, consolidamos um triunfo histórico para o futebol brasileiro. O nosso time jamais perdeu a cabeça, agindo sempre com serenidade e atingindo, por isso mesmo, o seu objetivo de vitória*". Já o "vovô" Nilton Santos admitia que, agora sim, poderia pendurar as chuteiras tranquilamente.

Mauro Ramos ergue a *Jules Rimet*
(*Última Hora*/Arquivo Público do Estado de São Paulo)

A exibição contra os tchecos foi, sem dúvida, a melhor da seleção brasileira na Copa: trocas de passes, obsessão pelo gol e boas jogadas individuais. Depois das más apresentações na primeira fase, a evolução foi nítida. Aymoré Moreira e Vicente Feola poderiam ter personalidades diferentes, mas os dois davam muita liberdade de criação aos jogadores. Os atletas mais velhos, como Nilton Santos, Didi e Djalma Santos, mostraram raça e muita vitalidade. Com uma nova campanha invicta, com cinco vitórias e um empate, o Brasil fez catorze gols e sofreu cinco (em 1958 foram dezesseis marcados e quatro contra).

Foi uma campanha de raça, antes de tudo!

O presidente João Goulart enviou um telegrama aos atletas instantes depois da conquista: "*Emocionado e vibrando de alegria com a extraordinária vitória conquistada pelo Brasil, transmito aos valorosos jogadores bicampeões do mundo, o meu abraço e o orgulho de todos os brasileiros pela gigantesca vitória conquistada esta tarde, no Chile, frente à valorosa equipe da Tchecoslováquia. Governo e povo do Brasil estão jubilosos por mais este feito das cores nacionais no terreno do futebol*". Jango, que acompanhou a partida na Granja do Torto, em Brasília, recebeu uma mensagem de congratulações do presidente dos Estados Unidos, John Kennedy. Já o primeiro-ministro Tancredo Neves ouviu o jogo em São João del Rei, Minas Gerais, sua cidade natal. O político mineiro declarou que o Brasil é a maior potência do futebol mundial e que "*em breve, será também uma grande potência para a solução de todos os seus problemas*".

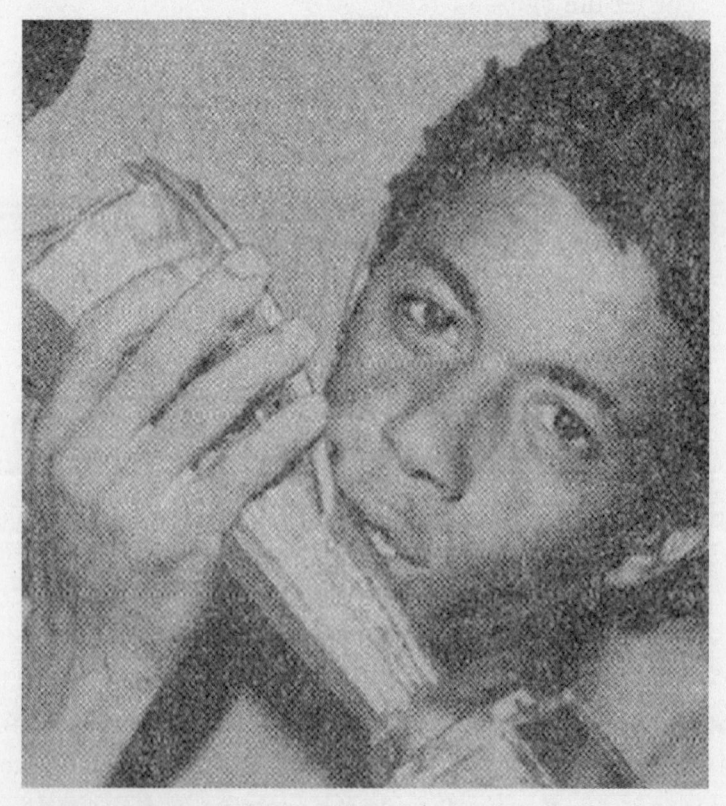

Amarildo beija a *Jules Rimet*
(*Última Hora*/Arquivo Público do Estado de São Paulo)

Os jogadores deixaram o Estádio Nacional e foram para o Ritz Hotel. Depois do banho e de vestirem terno, eles se dirigiram à embaixada brasileira em Santiago e foram recepcionados pelo diplomata Fernando Ramos de Alencar. Após uma hora e meia, os atletas e a comissão técnica seguiram para o Hotel Carrera, onde a FIFA ofereceu um jantar aos finalistas da Copa. O presidente da Federação, Stanley Rous, entregou medalhas e diplomas aos campeões. O único ausente das comemorações em terras chilenas foi Garrincha que continuava com febre e permaneceu debaixo das cobertas. Por falar em Mané, o governador da Guanabara, Carlos Lacerda, enviou um telegrama ao ponteiro brasileiro para avisar que iria cumprir a promessa de dar a ele o pássaro Mainá.

O técnico Feola, campeão em 1958, já tinha deixado o hospital, mas estava em repouso em casa, em São Paulo. Procurado pela imprensa, o treinador fez um agradecimento: *"(...) Confirmamos o grande feito de 58, somos bicampeões e para mim foi grande a satisfação que me proporcionaram aqueles que tão bravamente souberam defender o nosso projeto. Meu sincero muito obrigado aos chefes, dirigentes, companheiros de comissão, jogadores e auxiliares (...)."*

O supervisor Carlos Nascimento declarou que *"devemos o título aos jogadores que atuaram e aos que nos ajudaram na preparação, desde primeiro de abril. E o que deixamos provado, no Chile, é que a seleção do Brasil joga, hoje, em qualquer campo, contra qualquer adversário e com qualquer juiz, com a mesma tranquilidade"*.

Nas memórias de Djalma Santos, o melhor jogo dele na Copa foi contra a Espanha. *"(...) Porque daí nasceu, verdadeiramente, a força da nossa equipe. O ponteiro mais duro que encontrei foi o Charlton, da Inglaterra. E, depois, o Gento, da Espanha"*, declarou ao jornal O Globo.

Como premiação, cada craque recebeu US$ 2.000 da CBD, uma medalha de ouro da FIFA, outra cunhada pela Casa da Moeda, uma geladeira da marca Frigidaire e um carro Aero Willys, dado pelo presidente João Goulart.

Pepe e Zito nas comemorações pelo bi
(*Última Hora*/Arquivo Público do Estado de São Paulo)

A repercussão do bicampeonato

O futebol nacional agora estava empatado em títulos com Itália e Uruguai. Assim como os italianos, os brasileiros conquistaram duas Copas consecutivas. Pelo regulamento, quem vencesse o mundial três vezes ficaria em definitivo com a *Jules Rimet*, algo que já poderia ocorrer em 1966, na Inglaterra. Entretanto, foi em 1970, no México, que o Brasil obteve a posse do troféu para sempre.

Djalma Santos em cerimônia com o presidente João Goulart
(*Última Hora*/Arquivo Público do Estado de São Paulo)

A imprensa exaltou o futebol apresentado pela seleção brasileira na Copa, apesar de todos os percalços e a ausência de Pelé. Segundo o camisa 10 da seleção, Garrincha brincava com ele: "*Você não vai me abandonar, vai?*" Em sua autobiografia, o Rei elogiou o companheiro de seleção: "*Bom amigo e companheiro, Garrincha ficou muito chateado com a minha contusão. Tentou até influenciar no tratamento, dizendo que ia sugerir aos médicos que me mandassem para Pau Grande – a terra natal dele – para ver uma benzedeira, uma mulher em quem depositava grande confiança e que, segundo ele, fazia verdadeiros 'milagres'*". A crônica esportiva destacou o desempenho extraordinário de Garrincha.

Em *O Globo*, Ricardo Serran escreveu: "*Difícil se torna, neste momento de júbilo contagiante, dizer o que foi a partida. Paro para olhar novamente para o campo. Lá estão, alinhados em fila, os bicampeões. Para a emotiva cerimônia final, Sir Stanley Rous, presidente da FIFA, entra no gramado para a entrega da 'Jules Rimet', símbolo da supremacia mundial no futebol. É Mauro quem a levanta para o imenso público aplaudir*". A palavra "supremacia" era recorrente nas publicações.

Para o jornal francês *Le Figaro*, "*a vitória do Campeonato Mundial de Futebol era vital para os brasileiros, 'um povo que não dispõe de outro meio, além do esporte, para impor-se no cenário internacional'*". A publicação fazia comparações inusitadas: "*Para nós, Garrincha é superior a todos os generais de que a França tanto se orgulha e que tanto a intranquiliza. O próprio Napoleão não vale a coragem de Vavá. Somente as curvas de Brigitte Bardot, isto sim, poderão comparar-se em malícia e beleza a uma folha-seca de Didi.*"

Ainda na Europa, o jornal português *A Bola* afirmou que a seleção brasileira soube aproveitar o erro do adversário na finalíssima: "*O Brasil não foi apenas a vitória de um show de circo, foi um aproveitamento inteligente dos erros da defesa tcheca.*"

Os jornais ingleses deixaram de lado o fracasso do *English Team* na Copa e elogiaram os brasileiros. O *Daily Mirror* apontou o surgimento de Amarildo para o mundo: "*Amarildo, que passou toda a sua vida de jogador à sombra dos grandes astros, elevou-se nesta final à categoria de um dos melhores meias do mundo*". O *Daily Herald* foi taxativo: "*Sim, os brasileiros são os reis do futebol*". O *The Guardian* fez a seguinte análise: "*Os brasileiros ganharam porque indiscutivelmente a sua linha atacante é melhor que a tcheca e porque sua defesa é tão boa quanto a tcheca. As duas melhores defesas do mundo disputaram a final de Santiago.*"

O *Clarín*, da Argentina, salientou: "*O Brasil é demasiadamente grande para o mundo do futebol*". O *Jornal do Brasil* citou publicações do Uruguai: "*Com manchetes emocionadas, a imprensa uruguaia saúda a conquista do bicampeonato mundial de futebol pelo Brasil, concordando todos que a 'Jules Rimet' se encontra nas mãos que mereceram possuí-la. O jornal El Día, repetindo o que diz El País, alegra-se pela vitória do futebol brilhante e intuitivo sobre a mecanização dos tchecos (...).*"

A festa da torcida brasileira começou nas ruas do próprio Chile. O *Jornal do Brasil* registrou: "*Os brasileiros improvisaram tambores, tamborins, e cantavam sambas, aos pulos, no meio das ruas (...)*". Em Paris, um grupo de torcedores ocupou a tradicional *Champs-Élysées* e fez festa até de madrugada. De acordo com *O Cruzeiro*, quem participou do carnaval improvisado, com direito a bandeira e cuíca, foi o ator Anselmo Duarte, que estava na capital francesa para a premiação da Palma de Ouro no Festival de Cannes. O filme *O Pagador de Promessas* foi o grande vencedor.

Capa do jornal *Última Hora*
(Arquivo Público do Estado de São Paulo)

Em Lisboa, o embaixador Negrão de Lima deu uma festa para integrantes da colônia brasileira. Os jogadores do América do Rio de Janeiro, que estavam em Portugal para uma série de amistosos, "representaram" a seleção bicampeã.

Manchetes dos jornais (Brasil 3 x 1 Tchecoslováquia)

Jornal dos Sports: "Recepção festiva aos bicampeões"

Folha de S. Paulo: "O Brasil é bicampeão"

O Globo: "Brasil bicampeão: 3 x 1"

Estado de S. Paulo: "Brasil venceu no Chile: é bicampeão mundial"

Última Hora: "Taça do Mundo é nossa mais 4 anos"

Diário Carioca: "Nos braços do povo, os bicampeões"

Diário da Noite: "Nos braços do povo, os reis do football"

Gazeta Esportiva: "Viva ao Brasil! Bicampeão (invicto) do mundo! Boa, Brasil!"

Em frente à velha máquina de escrever, Nelson Rodrigues exaltou a seleção: "*Amigos, estamos atolados na mais brutal euforia. (...) Foi um título que o escrete arrancou de suas rútilas entranhas. E, a partir da vitória, sumiram os imbecis, e repito: — não há mais idiotas nesta terra. Súbito o brasileiro, do pé-rapado ao grã-fino, do presidente ao contínuo, o brasileiro, dizia eu, assume uma dimensão inesperada e gigantesca. (...) Amigos, o Brasil fez no Chile um sofrido futebol, um futebol quase feio, um duro futebol de cara amarrada. Jogávamos para vencer. (...) Foi a vitória do escrete e mais: — foi a vitória do homem brasileiro, ele sim, o maior homem do mundo. Hoje o Brasil tem a potencialidade criadora de uma nação de napoleões.*"

A festa no Brasil e a volta para casa

Em 1958, a conquista do título pela seleção brasileira levou milhões de pessoas para as ruas. Além da comemoração no dia da conquista, a torcida se espremeu para receber os campeões. Não é exagero dizer que a festa quatro anos depois foi maior ainda. Os brasileiros queriam ver de perto os bicampeões: era o momento de esquecer os problemas do dia a dia e reverenciar os donos do melhor futebol do mundo.

A edição comemorativa da *Gazeta Esportiva Ilustrada* falava sobre vitórias e decepções: "*Aos que zombam do entusiasmo brasileiro pelo futebol, lembramos que a perda desta mesma Copa conquistada pela nossa equipe no Chile causou profunda decepção na Itália, na Alemanha, na URSS e na Hungria. Num desses países, o povo exigiu um inquérito para apurar irregularidades na aplicação dos dinheiros destinados ao preparo dos craques. O Chanceler Adenauer [Alemanha], segundo caricaturas da imprensa, teria retardado decisões sobre problemas internos, na esperança de que a eventual conquista da Jules Rimet embriagasse a opinião pública.*"

A *Folha de S. Paulo* registrou a comemoração no Marco Zero da capital paulista: "*No começo era pular gritando 'Brasil! Brasil! Brasil!'. Depois o ritmo amansou, aos poucos, e virou samba. Foi assim na Praça da Sé quando o jogo terminou. Era a ordem que partia, do ponto central de São Paulo, para que a grande festa do bicampeonato começasse. Os rojões haviam-se acabado na comemoração dos gols e o povo recorreu aos instrumentos de escola de samba guardados à espera do carnaval que assim veio antes.*"

No Rio de Janeiro, o entusiasmo não foi diferente, conforme detalhou O *Cruzeiro*: "*A Av. Rio Branco ganhava bandeiras, corso e samba noite adentro. (...) A explosão de entusiasmo dos cariocas foi expressada por todos os meios. Até imensos balões verdes e amarelos surgiram, ninguém sabe como. E subiram*". O carnaval de meses antes se repetiu na Cinelândia, na Avenida Rio Branco e no Largo da Carioca. Os torcedores cantavam: "*Não tem arroz, não tem feijão, mas mesmo assim o Brasil é campeão/Não tem açúcar, já não tem sal/Mas mesmo assim o Brasil é o maior!*". Brasília, São Paulo e Rio de Janeiro agora preparavam-se para recepcionar os campeões na segunda-feira, dia 18 de junho.

Naquela manhã, a delegação brasileira deixou o Ritz Hotel, em Santiago, e seguiu em direção ao aeroporto Los Cerrillos. Uma multidão de torcedores queria dar adeus aos bicampeões mundiais que levavam na bagagem a *Jules Rimet*. "*Os habitantes desta cidade já se mostram tristes, pois tinham aprendido a gostar sinceramente dos simpáticos jogadores brasileiros. Em particular, os pequenos torcedores não se conformaram com a saída de seus amigos 'brasileiros', pedindo sempre que voltem um dia"*, ressaltou a *Última Hora*.

O DC-8, com o mesmo comandante Guilherme Bungner, que levou os brasileiros na Copa de 1958, partiu do solo chileno em direção a Brasília, primeira parada dos campeões. A capital, inaugurada em 1960, recebeu os atletas.

População toma conta da Praça dos Três Poderes
(*Fundo Correio da Manhã*/Acervo Arquivo Nacional)

A aeronave pousou por volta das 14h20 e o aeroporto já estava tomado por milhares de torcedores. Os soldados da aeronáutica, que ajudavam no reforço da segurança, não conseguiram conter a multidão e os cordões de isolamento foram rompidos. O presidente João Goulart saiu da Granja do Torto de helicóptero rumo ao aeroporto. Na chegada, ele subiu as escadas do avião e ficou cerca de meia hora dentro da aeronave. Jango conversou com os campeões e tirou fotos com a *Jules Rimet* em mãos, ao lado de Mauro, Bellini e Paulo Machado de Carvalho.

Jango (à esquerda), Havelange (centro) e Paulo Machado de Carvalho (à direita)
(*Última Hora*/Arquivo Público do Estado de São Paulo)

O presidente da República saiu da aeronave exibindo a taça mais cobiçada pelos futebolistas do planeta e os torcedores foram ao delírio. Enquanto João Goulart seguia para o Palácio da Alvorada de helicóptero, os jogadores rumaram de ônibus, para a frustração dos torcedores que estavam espalhados pelas ruas de Brasília e esperavam que os atletas desfilassem em carro aberto. O Eixo Monumental foi tomado e cerca de seis mil viaturas acompanharam o trajeto do aeroporto até o Alvorada, que demorou cerca de 40 minutos. Foi decretado ponto facultativo em todas as repartições e Ministérios naquela segunda-feira. Em um dos carros alegóricos estava escrito em verde e amarelo: "*Vavá, Didi, Garrincha, Pelé e JK-65*". No entanto, o golpe militar de abril de 1964 interrompeu os sonhos de Juscelino Kubitschek de concorrer novamente à presidência da República.

Enquanto os jogadores não chegavam ao Alvorada, o entorno do Palácio estava abarrotado de gente. De acordo com a *Última Hora*, "*O aparato policial colocado nas imediações do Palácio da Alvorada, depois da entrada dos jogadores, passou a agredir populares, o que constitui a nota baixa do acontecimento"*. Muitos torcedores conseguiram entrar no local. O cerimonial tinha preparado um banquete para os campeões, mas os populares atacaram a comida: seguranças e assessores ficaram sem reação, não acreditavam no que estavam vendo. *O Globo* deu em manchete: *"Seleção foi derrotada pela desorganização em Brasília"*. O jornal salientou que *"(...) Houve de tudo em matéria de desorganização. Agressões, empurrões, atritos com representantes da imprensa, desastre de veículos, atropelamentos, furtos, perdas de objetos (...). O almoço para o qual estavam convidados, não houve. Os penetras fartaram-se enquanto os membros da delegação da CBD olhavam. Algumas pessoas caíram na piscina do Alvorada. Os integrantes da tripulação do DC-8 também não puderam se servir"*.

Eram 16h35 quando Jango recepcionou os jogadores e a comissão técnica brasileira. Na biblioteca do Alvorada, Jango bebeu *whisky* na taça. O presidente discursou: *"O governo brasileiro e todo o povo do Brasil recebem entusiasticamente a brava delegação que conquistou o Campeonato Mundial de 1962. Estou emocionado e acredito mesmo que todo o povo brasileiro, desde o mais humilde, vibre como eu nesse momento histórico para a vida de nossa pátria. Quando do embarque da delegação para o Chile, declarei aos correspondentes de nossa equipe que estava confiante na vitória e, conquistada essa vitória, eu me sinto honrado em voltar a abraçar os campeões do mundo."*

Para Djalma Santos, Jango disse: *"Você foi o nosso trator"*. Para Amarildo: *"Você tirou o nosso sofrimento"*. O presidente lamentou a contusão de Pelé. Os filhos de Jango, Denize e João Vicente, este segurando uma bola, também estavam presentes, a exemplo de quando a seleção passou por Brasília, antes da Copa. O selecionado retornou ao aeroporto e às 18h40 partiu para o Galeão, no Rio de Janeiro.

Em 1958, o Rio ainda era a capital do Brasil, mas perdeu o posto para Brasília. Entretanto, a festa pelo bicampeonato não foi menor, pelo contrário. A aeronave pousou por volta das 20h25 e cerca de dez a quinze mil pessoas estavam nas imediações do Galeão. Os jogadores, que já aparentavam cansaço, desembarcaram cerca de nove minutos depois. O primeiro a aparecer na porta da aeronave foi Paulo Machado de Carvalho com a *Jules Rimet* em mãos. A delegação brasileira foi dividida em dois veículos dos bombeiros.

O deslocamento até o Palácio Guanabara durou quase duas horas e foi acompanhado por carros, caminhões e lambretas. O jornal *Última Hora* registrou o clima: *"Uma euforia irresistível dominou toda a cidade durante o dia e noite de ontem, por ocasião da passagem triunfal dos bicampeões do mundo. Do Galeão ao Palácio Guanabara, milhares e milhares de cariocas choraram, dançaram e cantaram a plenos pulmões ao avistarem os carros do Corpo de Bombeiros que conduziram os heróis da jornada vitoriosa no Chile. Desmaios, atropelos e gritos de Brasil, Brasil, Brasil, ocorreram por todos os lados, todos querendo aproximar-se da 'seleção de ouro', abraçar um por um e agradecer-lhes pela vitória sensacional do esporte brasileiro: a Taça Jules Rimet outra vez"*. Pessoas jogavam de tudo das janelas dos edifícios, principalmente papel picado. Enquanto os torcedores aguardavam a passagem da seleção, grupos se amontoavam em frente às vitrines das lojas de eletrodomésticos para assistir ao videoteipe do jogo de domingo, transmitido pela televisão (ver mais no capítulo 10).

O *Diário Carioca* registrou que: *"Milhares de centenas de cariocas esperaram ontem desde às 12 horas até as 22h30 horas, em pé, na Avenida Rio Branco, para homenagear os campeões do mundo que desfilaram em carro aberto do Corpo de Bombeiros pelo centro da cidade. A Avenida estava completamente lotada e nem a violência dos policiais nem o cansaço pôde conter a emoção do carioca que acenando lenços, soltando fogos e sambando consagrou os craques brasileiros com uma recepção deslumbrante"*. Em frente ao Teatro Municipal, integrantes de escolas de samba, blocos, passistas e gente fantasiada faziam festa. Enquanto isso, a Banda dos Fuzileiros Navais executava hinos e dobrados. A reportagem de *O Globo* registrou: *"Eram 22 horas quando o cortejo atingiu a confluência das Avenidas Presidente Vargas e Rio Branco. Holofotes colocados na Praça Mauá e junto ao Monumento aos Mortos da II Grande Guerra cobriam a Avenida com seus fechos, enquanto foguetes estouravam em toda a parte."*

A seleção chegou ao Palácio Guanabara um pouco depois das dez da noite sob aplausos e foguetório. Segundo os relatos da imprensa, as estátuas da Praça Marechal Floriano estavam recobertas de pessoas, assim como as árvores ao redor da Av. Rio Branco.

O jornal *O Globo* destacou o momento em que os jogadores foram recebidos pelo governador Carlos Lacerda: "*O cortejo seguiu com dificuldades até o fim do seu roteiro: o Palácio Guanabara. Lá os esperava o governador Carlos Lacerda, que conduziu cada integrante da delegação à sacada interna do palácio, para receber os aplausos da multidão que se acotovelava nos jardins. Por fim, depois de breve discurso, o sr. Carlos Lacerda entregou ao sorridente Garrincha o prêmio prometido – o pássaro falante Mainá*". Mané não levou o pássaro naquela noite, voltou ao Palácio para buscá-lo no dia seguinte. A ave tinha sido um presente dado a Lacerda pelo industrial Alberto Silva.

Garrincha ganha pássaro do governador Carlos Lacerda
(*Fundo Correio da Manhã*/Acervo Arquivo Nacional)

Outros políticos e autoridades acompanharam a cerimônia: o Cardeal Dom Jaime de Barros Câmara, os secretários Marcelo Garcia, Flexa Ribeiro e Mário Lorenzo Fernandes, e os deputados Amaral Neto, Raul Brunini e Jorge Valadão. Maria Cristina, filha do governador Carlos Lacerda, entregou a cada jogador uma loção de água-marinha.

Depois da cerimônia, os jogadores do Rio puderam passar a noite com a família e os de São Paulo dormiram em um hotel. O dia seguinte seria de comemorações na capital paulista, mas nem todos participaram. Garrincha, por exemplo, ficou no Rio. O embarque para a capital paulista estava marcado para a tarde, mas, de manhã, Zito, Pelé, Pepe, Coutinho e Mengálvio foram para Santos. Com exceção do Rei e de Coutinho, os demais se encontraram à tarde com a comissão técnica para as homenagens na cidade de São Paulo.

A partir da esquerda: Pelé, Hilton Gosling, Gylmar e Jango
(*Última Hora*/Arquivo Público do Estado de São Paulo)

As comemorações na metrópole também exigiram paciência dos atletas. A aeronave com toda a comissão técnica pousou em Congonhas por volta das 15h. O aeroporto já estava abarrotado de gente, uma multidão maior do que se viu em 1958. De acordo com *O Cruzeiro*, duzentos e cinquenta soldados do Exército e da Aeronáutica, além de duas centenas de homens da Força Pública e da Guarda Civil, estavam a postos para tentar conter a multidão, mas não conseguiram. Torcedores eram vistos segurando imagens de Nossa Senhora. O craque Julinho Botelho estava entre a massa humana.

Os jogadores subiram em um caminhão dos bombeiros dando início a um percurso de dezessete quilômetros que iria demorar cinco horas até a queima de fogos no Pacaembu, à noite. Mauro Ramos de Oliveira segurava a *Jules Rimet*. Em meio a bandeiras, foguetório e aplausos, a primeira parada foi na sede da TV Record, emissora de Paulo Machado de Carvalho, na Av. Miruna, ainda na região do aeroporto. No local, os atletas concederam entrevistas e deram autógrafos.

Campeões participam das comemorações em São Paulo
(*Última Hora*/Arquivo Público do Estado de São Paulo)

Depois, os campeões pararam na residência de Vicente Feola, na Av. Indianópolis, conforme relatou a *Última Hora*: "*A casa do Sr. Feola foi inteiramente invadida pelos torcedores, sendo a polícia imponente para conter o entusiasmo popular*". Emocionado, o treinador chorou copiosamente com a demonstração de carinho dos bicampeões.

Na sequência, a comitiva parou em frente a um dos mais conhecidos monumentos de São Paulo, no Ibirapuera. "*O povo subiu ao Monumento às Bandeiras para ver melhor os heróis da campanha do Chile. O bicampeonato despertou o patriotismo e apareceram bandeiras de São Paulo*", registrou a reportagem de *O Cruzeiro*. Em plena terça-feira, com ponto facultativo decretado, milhares de pessoas estavam nas ruas.

Da esquerda para direita: Aymoré Moreira, Paulo Machado de Carvalho e João Havelange
(*Fundo Correio da Manhã*/Acervo Arquivo Nacional)

    Os atletas seguiram, então, para o centro de São Paulo. Mais duas paradas: uma na Federação Paulista de Futebol, para o hasteamento da bandeira, e outra no prédio da Fundação Cásper Líbero. O detalhe desta cerimônia está nas páginas da *Gazeta Esportiva Ilustrada*. O diretor da *Gazeta Esportiva*, Carlos Joel Nelli, entregou uma coroa de louros a

Jango e Mané Garrincha
(*Última Hora*/Arquivo Público do Estado de São Paulo)

Paulo Machado de Carvalho. Mauro Ramos de Oliveira, representando os jogadores, recebeu o mesmo adereço.

O "Marechal" segura a *Jules Rimet* e é abraçado por Feola. Ao meio, Aymoré Moreira e, ao fundo, o narrador Geraldo José de Almeida.
(*Última Hora*/Arquivo Público do Estado de São Paulo)

Depois, cerca de trinta mil torcedores aguardavam os campeões na Praça da Sé, o Marco Zero da cidade. A aglomeração foi chamada de *"a maior do século"* pela *Gazeta Esportiva Ilustrada*. Na sequência, a comitiva passou pela São João e finalmente chegou ao Pacaembu, por volta de dez e meia da noite. Com a presença do vice-governador, Porfírio da Paz, e do cardeal metropolitano, Dom Carlos Carmelo de Vasconcelos Motta, os atletas receberam faixas entregues por Mendonça Falcão, em nome da Federação Paulista de Futebol, e exibiram com orgulho a *Jules Rimet*. Um espetáculo de fogos no Pacaembu marcou o encerramento daquela noite fria de junho em São Paulo. De acordo com a *Gazeta Esportiva*, 60.000 estavam no estádio.

No Rio de Janeiro, Garrincha foi recebido mais uma vez como herói em Pau Grande. A revista *Manchete* relatou a comemoração na cidade natal do craque: *"(...) Verdadeira multidão se concentrou em torno de sua casa e nos arredores. (...) O nome da localidade Pau Grande já foi mudado pelo povo para GARRINCHA. E o governador do Estado do Rio concordou"*. Antes e de depois da Copa, Mané foi sondado por clubes italianos, mas nunca deixou o futebol brasileiro. Agentes do futebol europeu chegaram a procurar o jogador em plena concentração nacional, no Chile. A *Gazeta Esportiva* classificou a atitude de *"gangsterismo esportivo"*.

Todos queriam Garrincha eleito o melhor da competição. Ou como dizia a revista *O Mundo Ilustrado*: *"Mané, o demônio da Copa."*

Os cinemas exibiram filmes da conquista do bi
(acervo pessoal do autor)

Os brasileiros viram o bi-campeonato através do video-tape SCOTCH

Nos Laboratorios de Pesquisas da 3M foi "criada" uma fita plastica de 2" de largura — o Video-Tape Scotch — que conjugada á uma camara de TV, grava som e imagem focalizados, sendo a exibição instantanea e podendo ser reaproveitada mais de cem vezes.

Chamada publicada nos jornais
(acervo pessoal do autor)

10

Rádio versus videoteipe
As transmissões esportivas em 1962

No início dos anos 60, os brasileiros já estavam acostumados a assistir aos jogos de futebol ao vivo pela televisão. Moradores de São Paulo conseguiam ver uma partida que estava sendo disputada no Rio de Janeiro e vice-versa. Em médias distâncias geográficas, a transmissão das imagens era feita via sistema de micro-ondas. Mas, naquela época, surgiu o videoteipe, que representou uma "revolução". Com a fita magnética, mais fácil de trabalhar do que o filme, pois não havia a necessidade de revelação, as emissoras começaram a exibir programas previamente gravados, como *shows*, novelas, e, claro, jogos de futebol. Os clubes achavam que a transmissão ao vivo pela TV esvaziava o público dos estádios e então passaram a proibir as exibições em tempo real. A saída era gravar as partidas para levar as imagens posteriormente aos telespectadores.

Como a primeira Copa transmitida ao vivo pela TV, via satélite, foi a de 1970, no México, em 1962 a população brasileira ainda teve de acompanhar as partidas pelo rádio.[7] No entanto, o videoteipe fez uma

---

7. A Copa de 1938, na França, foi a primeira transmitida ao vivo para o Brasil pelo rádio. O narrador era Gagliano Neto.

grande diferença naquele ano. Depois de um ou dois dias de disputadas as partidas, a torcida podia conferir, com imagem, o que tinha ouvido pelo rádio.

A TV chilena ainda estava engatinhando e teve de apelar para a *expertise* de um dos maiores grupos de comunicação do México para gravar as 32 partidas em videoteipe e fazer a distribuição aos países. A escolha recaiu ao Telesistema Mexicano (predecessor da Televisa), idealizado pelo empresário Azcárraga Vidaurreta, em 1955. Já a comercialização das fitas ficou a cargo de uma empresa americana.

Uma nota publicada na *Revista do Rádio* revela que, até o último instante, houve uma tentativa de transmissão ao vivo pela televisão: "*Um grupo brasileiro comprou os direitos de transmissão em videoteipe, no Chile, dos jogos em disputa da 'Copa do Mundo'. Pagou nada menos que 50 mil dólares, mais de 15 milhões de cruzeiros em nossa moeda! Isso (notem bem) apenas pelo uso do videoteipe e exclusivamente para ser exibido no Brasil. Tentou-se, a princípio, a retransmissão direta em TV, mas as dificuldades técnicas foram insuperáveis. O curioso é que a exploração do videoteipe ficou a cargo de uma empresa norte-americana (a ABC-TV), que poderá vender a fita a cada país, cobrando preços bem salgados a uns e a outros. Tipo do bom negócio: a mercadoria é adquirida na base da lei da oferta e da procura, sendo a procura exageradamente maior.*"

Engenheiros eletrônicos do Brasil e dos Estados Unidos cogitaram a possibilidade de usar um avião-laboratório de TV, equipado com transmissores. As imagens das partidas seriam enviadas, ao vivo, para além da Cordilheira dos Andes. No entanto, o projeto foi abortado por causa do alto custo.

Antes da estreia da seleção contra o México, em 30 de junho, a imprensa informava que o VT da partida seria exibido pela televisão brasileira no dia seguinte, à noite. "*Todo mundo pergunta – e aqui estamos respondendo que as TVs do Rio (e acreditamos que de São Paulo e adjacências) estarão apresentando o videoteipe das pelejas em que o Brasil participar, no Chile, exatamente 24 horas depois do acontecimento. Assim, estaremos de olhos presos na TV, vendo o que o nosso selecionado fez, 24 horas antes, com a equipe do México*", conforme publicado pela *Revista do Rádio*.

A Record e a Tupi fizeram um *pool* para exibição dos videoteipes na televisão brasileira. Alguns trechos dessas transmissões sobreviveram ao tempo e podem ser vistos no portal da Cinemateca Brasileira.[8] Pela TV Record, emissora de propriedade de Paulo Machado de Carvalho, Raul Tabajara narrava os duelos e o comentarista era Paulo Planet Buarque, profissional experiente de rádio e televisão. Já a Tupi tinha Walter Abrahão, um dos grandes nomes da história da TV e criador de bordões como "oxo", uma referência a um placar sem gols (zero, xis, zero). O narrador formava dupla com o comentarista Ary Silva. O próprio Abrahão levava as fitas dos jogos aos aeroportos no Chile para o transporte ao Brasil em aviões comerciais ou da FAB. As organizações Novo Mundo Vemag patrocinaram as transmissões gravadas. No total, as imagens das partidas eram retransmitidas por vinte emissoras em todo o Brasil, localizadas em São Paulo, Rio de Janeiro, Belo Horizonte, Porto Alegre, Brasília, Recife, Fortaleza, Salvador, Curitiba, Belém, Goiânia, Vitória e Ribeirão Preto.

Até as concorrentes da Tupi e da Record, como a Excelsior, em São Paulo, e a TV Rio e Continental, no Rio de Janeiro, podiam retransmitir as imagens dos jogos da seleção brasileira. Uma estimativa indica que o país tinha cerca de dois milhões de aparelhos de televisão em 1962. Se cada equipamento reunisse, em média, quatro pessoas, de quatro a oito milhões de brasileiros assistiram aos VTs das partidas.

Mesmo sabendo do resultado dos jogos, as famílias se reuniam para assistir aos duelos e comemoravam os gols como se fossem ao vivo. De acordo com o *Jornal dos Sports*, a rotina dos torcedores mudou durante a Copa: "*Desde o seu início, o Campeonato Mundial tem afastado o público das casas de espetáculos, pois nas noites de 'videoteipe', o público fica em casa para assistir às partidas do tão emocionante campeonato.*"

Já a *Revista do Rádio* registrou a comemoração pelos gols de Amarildo, quando a TV exibiu o videoteipe da partida contra a Espanha: "*No Rio (...), ninguém ficou fora de casa depois das 22 horas daquela quinta-feira, 7 de junho. E era para se ficar? As TVs passariam (como passaram) o*

---

8. http://cinemateca.org.br/acesso/banco-de-conteudos-culturais/

videoteipe da peleja entre o Brasil e a Espanha, pela Copa do Mundo. Todo mundo quis ver os gols de Amarildo contra o time da 'fúria'. Em alguns bairros, pasmem, chegou-se a ouvir o espocar de foguetes, quando o videoteipe mostrou o primeiro tento da nossa equipe. Era como se o gol estivesse acontecendo na hora! E que imagem esplêndida (...)."

Chamada publicada nos jornais
(acervo pessoal do autor)

Havia também uma dose de improviso nas transmissões. A TV Rio, por exemplo, ficou de fora do *pool*, mas exibia as partidas com as narrações de Raul Tabajara e Walter Abrahão, ou seja, profissionais das emissoras concorrentes. O jornalista, cronista e narrador esportivo Luiz Mendes era chefe da equipe da TV Rio que foi ao Chile e teve uma ideia. O *Diário Carioca* revelava a criatividade de Luiz Mendes: "*(...) Arranjou um gravador comum, em Viña del Mar, e descreveu o jogo à maneira dos seus tempos de locutor esportivo radiofônico. Mandou a gravação para o Rio e a sua emissora, o Canal 13, juntou-a ao videoteipe. Dessa forma, enquanto as outras estações transmitiam em cadeia, a TV-Rio apresentava a voz do seu locutor exclusivo. E embora a fita às vezes não acompanhasse a velocidade do VT, desgarrando em alguns lances, os técnicos da TV-Rio deram um jeito na história, fazendo a gravação 'correr' de quando em quando (...)*". Pelo visto, valeu o esforço.

As emissoras também exibiram jogos dos adversários do Brasil, conforme mostra a seguinte chamada publicada nos jornais.

> **COPA DO MUNDO SENSACIONAL!**
> **ASSISTA HOJE, ÀS 14 HORAS**
> AO VIDEO-TAPE DO JOGO
> **TCHECOSLOVAQUIA x ESPANHA**
>
> e conheça a força dos futuros adversários do Brasil, nas oitavas de final!
> Hoje, logo mais, às 16 horas, o Brasil estará jogando contra a Tchecoslovaquia e na proxima 4.ª-feira contra a Espanha!
>
> Iniciativa exclusiva das
> **ORGANIZAÇÕES NOVO MUNDO-VEMAG**
> pelos Canais 2, 4, 5, 7 e 9

Chamada publicada nos jornais
(acervo pessoal do autor)

Já para o público europeu, acostumado aos eventos esportivos ao vivo pela TV, a Copa de 1962 foi frustrante. Os torcedores do continente assistiram aos dois mundiais anteriores pela televisão. Mesmo ainda não havendo transmissões via satélite, a proximidade geográfica permitia que as imagens chegassem aos televisores. Em 1954, oito países acompanharam os jogos diretamente da Suíça e, em 1958, na Suécia, o número subiu para onze. No entanto, em 1962, os europeus tiveram de se contentar com o rádio e esperavam dias para assistir aos filmes ou teipes dos duelos.

Rádio: emoções instantâneas do bicampeonato

Às vésperas da decisão da Copa, o tradicional Repórter Esso, *"testemunha ocular da história"*, levou ao ar uma notícia urgentíssima. Ao som da fanfarra composta por Ivan Paulo da Silva, conhecido como Maestro Carioca, e Haroldo Barbosa, entrava no ar um locutor: "*Atenção, atenção, Viña del Mar, 15 de junho, urgente! O médico da seleção brasileira, dr. Hilton Gosling, acaba de informar que Pelé não poderá jogar contra os tchecos pelo bicampeonato mundial de futebol*". O Brasil inteiro ficou sabendo de forma praticamente instantânea que Pelé não teria condições de entrar em campo na finalíssima. Bem mais ágil do que a TV, o rádio estava presente em milhões de lares brasileiros. A torcida acompanhava com atenção os jogos e as notícias enviadas diretamente do Chile.

Depois do título de 1958, as emissoras de rádio investiram pesado na estrutura para a transmissão do mundial. Afinal, o interesse do público pelas notícias da seleção seria grande. As lojas de magazine aproveitaram o clima de Copa para fazer uma espécie de "venda casada": ouça, ao vivo, e depois veja o videoteipe.

Assim como em 1958, as principais emissoras prepararam uma grande cobertura. O custo de envio de profissionais ao Chile era menor na comparação com a Suécia, quatro anos antes. Portanto, as empresas não pouparam esforços para formar equipes com narradores, repórteres e comentaristas.

Chamada publicada nos jornais
(acervo pessoal do autor)

Rádio Bandeirantes: a emissora paulista repetiu a fórmula de sucesso de quatro anos antes. Mais de duzentas emissoras espalhadas pelo Brasil retransmitiram o som da cobertura da Bandeirantes. Novamente, a dupla de narradores, Pedro Luiz e Edson Leite, estava presente para levar a emoção das partidas aos lares brasileiros. Os dois se revezavam nos jogos. O comentarista era Mário Morais e as reportagens ficaram a cargo de Ethel Rodrigues e Silvio Luiz (que depois marcaria época como narrador na TV). A emissora costumava reunir milhares de torcedores durante as transmissões nas praças de São Paulo, inclusive, como já citado, havia um painel luminoso, no formato de campo de futebol, para orientar os torcedores. As luzes se acendiam indicando o local onde a bola estava no gramado.

Hoje, às 14,30 hs.

estará transmitindo

e comentando

o sensacional encontro

Brasil x Checoslovaquia

RÁDIO BANDEIRANTES

Chamada publicada nos jornais
(acervo pessoal do autor)

Panamericana e Record: as duas emissoras eram de propriedade de Paulo Machado de Carvalho, mas fizeram transmissões independentes na Copa de 1962. A Panamericana (hoje Jovem Pan), que formou a Rede Brasileira dos Esportes, unindo emissoras de inúmeras partes do país, contava com um mestre da narração esportiva: Fiori Gigliotti. Já o comentarista era nada mais nada menos do que Leônidas da Silva, artilheiro do Brasil na Copa de 1938. Otávio Muniz e Renato Silva faziam as reportagens. Já a Record apostava na vibração de Geraldo José de Almeida.[9] Na partida da seleção nacional contra a Espanha, por exemplo, em um determinado momento, a transmissão da Panamericana apresentou problemas. Os técnicos de som, então, passaram a usar na Pan o som da Record, até que o áudio fosse restabelecido.

---

9. Antes do mundial, Geraldo José de Almeida e Irvano Luís passaram a apresentar na TV Record, às terças-feiras, às 21h30, o programa "A Copa do Mundo".

> **"O TEMPO PASSA!"**
>
> Um grande presente de Natal,
>
> oferecido
>
> CARINHOSAMENTE
>
> À "TORCIDA BRASILEIRA"!
>
> **FIORI GIGLIOTI**
>
> — *agora na*
>
> **RÁDIO PANAMERICANA**

Chamada publicada nos jornais
(acervo pessoal do autor)

Rádio Globo: com mais de duzentas emissoras em cadeia, a Rádio Globo fez uma das maiores coberturas da Copa de 1962. Nas páginas do jornal *O Globo*, o leitor tinha informações sobre a transmissão de Brasil e México: *"Uma equipe de famosos profissionais da RÁDIO GLOBO, chefiada por Waldir Amaral e integrada por nomes como os dos comentaristas Benjamim Wright e Alberto da Gama Malcher e pelos locutores José Cabral e Celso Garcia, está hoje a postos em Viña del Mar para irradiar, a partir das 15h30, as preliminares e o desenrolar da partida Brasil x México. Comandando uma rede de mais de 200 emissoras e centenas de alto-falantes, a PRE-3 está pronta para oferecer uma perfeita e ampla cobertura de todas as emoções da Copa do Mundo (...)"*. Além de chefiar a equipe, Waldir Amaral era o principal narrador da emissora. O comentarista Benjamim

Wright (pai do ex-árbitro José Roberto Wright), foi quem cunhou a expressão *"o futebol é uma caixinha de surpresas"*.

Chamada publicada nos jornais
(acervo pessoal do autor)

Rádio Guanabara: a Guanabara, do Rio, contava com um dos maiores nomes da narração esportiva brasileira: Oduvaldo Cozzi. Em 1958, ele narrou a Copa pela Tupi, mas, quatro anos depois, estava na Guanabara. Era um homem polivalente e com muita experiência. Chamado de "o professor", por causa do repertório invejável de palavras, Cozzi também chefiou as equipes esportivas das emissoras pelas quais passou. Trabalhou em sete mundiais, de 1950 a 1974, este último como comentarista. Em 1962, a Guanabara também contou com o narrador Doalcey Camargo. O comentarista era João Saldanha, um dos grandes nomes da crônica esportiva brasileira. Em 1969, como treinador, Saldanha classificou a seleção brasileira para a Copa de 1970. Outro destaque das transmissões da Guanabara era o estridente analista de arbitragem Mário Vianna. Ele e Saldanha marcaram época, depois, na Rádio Globo.

Oduvaldo Cozzi, "o professor"
(www.oduvaldocozzi.com.br)

União Desportiva Brasileira de Radiodifusão: esse grupo era formado pelas emissoras dos Diários Associados, com Difusora e Piratininga, ambas de São Paulo, e Tupi, do Rio de Janeiro. Grandes nomes do rádio compunham as transmissões. Os narradores eram Luiz Noriega, que depois fez história na TV Cultura, e Haroldo Fernandes. Os comentários ficavam a cargo de Milton Camargo e José Maria Scassa. Cid Ribeiro e José Haddad comandavam as reportagens. Era uma equipe ágil e eficiente que utilizava uma moderna aparelhagem da Philips. Um caminhão, com os nomes das emissoras estampados na lataria, percorreu cidades brasileiras para chamar a atenção dos torcedores. O patrocínio era da Organização Philips Brasileira. O *Diário da Noite* detalhava: "*Já está sendo irradiado, pela Rádio Difusora e grande rede nacional, o Informativo Philips para a Copa do Mundo do Chile, no horário das 20h05. Notícias e reportagens com a equipe da F-3, cujos elementos irão em maio ao Chile: comentarista Milton Camargo, locutores Luiz Noriega e Haroldo Fernandes*". A rede de transmissão era formada por mais de cem emissoras pelo Brasil.

Agora em Santiago
Ouçam amanhã, a partir das 13,30 diretamente do Estadio Nacional de Santiago!

BRASIL x CHILE
(SEMIFINAIS DA "JULES RIMET" DE 62)

DIFUSORA SÃO PAULO
comandando a UNIÃO DESPORTIVA BRASILEIRA DE RADIODIFUSÃO com a TUPI DO RIO e a participação da RADIO PIRATININGA e MAYRINK VEIGA

Em cadeia:
REDE PIRATININGA, ORGANIZAÇÃO N. MACEDO, EMISSORAS COLIGADAS e ESTAÇÕES ASSOCIADAS E INDEPENDENTES DE TODO O PAÍS.

O MELHOR SOM — A MELHOR COBERTURA

A mais completa equipe com HAROLDO FERNANDES, LUIZ NORIEGA, MILTON CAMARGO, JOSÉ SCASSA, CID RIBEIRO, JOSÉ HADDAD e ROBERTO PETRI

Patrocínio exclusivo da
ORGANIZAÇÃO PHILIPS BRASILEIRA

Chamada publicada nos jornais
(acervo pessoal do autor)

Rádio Nacional do Rio de Janeiro: a Nacional era uma potência e o som da emissora podia ser captado praticamente em todo o Brasil. Em 1962, o slogan utilizado foi *"sobriedade, entusiasmo e fidelidade"*. Jorge Curi e Oswaldo Moreira comandavam as transmissões das partidas. Curi era dono de uma voz grave e inconfundível. Ele trabalhou em nove Copas: seis pela Nacional (50, 54, 58, 62, 66 e 70) e três pela Rádio Globo (74, 78 e 82).

Chamada publicada nos jornais
(acervo pessoal do autor)

Continental do Rio de Janeiro: a emissora Continental também reuniu grandes nomes para a cobertura da Copa de 1962. O destaque da narração era Clóvis Filho. Rui Porto, que depois fez história nas Emissoras Associadas (Tupi), comentava as partidas.

> Sob o comando de
> **Carlos Marcondes**
> (Rio de Janeiro), a
>
> **Emissora Continental**
>
> da Organização Rubens Berardo transmitirá HOJE, a partir das 14 HORAS, diretamente do CHILE
>
> no relato de
> CLÓVIS FILHO e JORGE DE SOUSA
>
> reportagens de
> OSWALDO FARIA e LUÍS FERNANDO
>
> comentários de RUI PÔRTO
>
> e supervisão técnica de
> CARLOS CAMPANELLA
>
> o jôgo de estréia da SELEÇÃO DA CBD
> na Sétima Disputa da COPA DO MUNDO
>
> **BRASIL X MÉXICO**
>
> Mais uma GRANDE JORNADA ESPORTIVA BRAHMA – com a EQUIPE MAIS PREMIADA DO RÁDIO BRASILEIRO, comandando a maior rêde de emissoras e serviços de altofalantes.

Chamada publicada nos jornais
(acervo pessoal do autor)

Mauá (RJ) e Excelsior (SP): as duas emissoras se uniram para a cobertura da Copa e formaram a "Rede Caracu". Era comum que as rádios usassem nomes dos patrocinadores para batizar a cadeia de transmissão. Orlando Batista comandava as narrações e o comentarista era Adhemar Pimenta, que foi técnico da seleção brasileira na Copa de 1938, na França.

BRASIL x MÉXICO
RÊDE CARACÚ NA COPA DO MUNDO !

Duplo comando das rádios

MAUÁ (Rio de Janeiro) EXCELSIOR (São Paulo)

em rêde com uma centena de emissoras e serviços de alto-falantes de todo o país.

Grande equipe de locutores, comentaristas e rádio-repórteres, sob o comando de ORLANDO BATISTA. Comentários de ADHEMAR PIMENTA.

a jogada é de **CARACÚ** — para você, torcedor amigo!

Chamada publicada nos jornais
(acervo pessoal do autor)

Guaíba e Gaúcha: as rádios do Rio Grande do Sul também estiveram presentes nas transmissões da Copa de 1962. Pela Guaíba, destacam-se Mendes Ribeiro e Pedro Carneiro Pereira. Já a concorrente Gaúcha contava com o narrador Antônio Carlos Resende.

Pérolas das narrações

Com a conquista do bicampeonato mundial, a Panamericana, a Globo, a Bandeirantes, a Continental e a Guanabara lançaram discos comemorativos em homenagem aos bicampeões. Os LPs eternizaram as vozes que deram emoção aos gols e às jogadas da seleção. Em 1958, a música *A taça do mundo é nossa* (Wagner Maugeri, Lauro Müller, Maugeri Sobrinho e Victor Dagô) virou símbolo da conquista. A mesma canção foi adaptada para o bicampeonato:

A taça do mundo é nossa
Com brasileiro não há quem possa
Êh eta esquadrão de ouro
É bom no samba, é bom no couro
O brasileiro dessa vez no Chile
Mostrou o futebol como é que é
Ganhou o bicampeonato
Sambando com a bola no pé
Goool!

A jogada que tirou Pelé da Copa foi descrita com precisão por Oduvaldo Cozzi:

"(...) Ajeitou no peito Pelé, vai tentar o seu tiro, executa, replicou na baliza direita; espirrou a pelota pela direita, onde vai salvar Lala uma bomba do jogador Pelé. Parece-me que sentiu, Pelé. (...) Está sendo atendido Pelé fora da cancha. Há uma correria de fotógrafos, de cinegrafistas, de todo mundo para ver o que houve com Pelé, depois da bomba que explodiu na trave. (...)"

Diante da Inglaterra, Oduvaldo Cozzi soltou a voz no terceiro gol brasileiro, marcado por Garrincha:

"(...) Aproxima-se da meia-lua, tenta colocar: goooooool. Gol de Garrincha. Meteu uma bola de curva em cima de Springett. (...)"

Ainda na na transmissão da Guanabara, o comentarista de arbitragem, Mário Vianna, atacou o juiz peruano Arturo Yamasaki por causa do pênalti marcado contra o Brasil na partida diante do Chile:

"(...) É o primeiro aluno do covil dos ladrões, porque a FIFA é uma camarilha de ladrões. E aí está o seu aluno que teve grau dez, amigo ouvinte. Uma bola chutada que bateu tipicamente na mão. Mas eu acredito na justiça divina. (...)"

Um dos momentos mais emocionantes das transmissões da Copa de 1962 é a narração do gol da virada da seleção brasileira diante da Espanha. Geraldo José de Almeida, da Record, não se cansou de falar o nome de Amarildo:

"(...) *Cabeceia para gooooooool. Amarildo, Amarildo, Amarildo, Amarildo, gooool do Brasil. Amarildo, Amarildo, Amarildo. (...) Vamos minha gente. Pra frente, Brasil (...).*"

Waldir Amaral narrou com o entusiasmo, claro, o gol de empate de Amarildo, diante da Tchecoslováquia na final. O locutor da Rádio Globo, que gostava de dar apelidos e criar bordões, chamava o atacante brasileiro de *"rei do pênalti"*, por causa do aproveitamento de quase cem por cento dele em cobranças de penalidades.

"(...) *Prepara-se Zagallo, vai fazer a devolução. Pela ponta da área entregou para Amarildo. Amarildo passou por Kvasnak... goool. Goool de Amarildo. Empatou o 'rei do pênalti' (...).*"

Já Fiori Gigliotti, da Panamericana, anunciava figuras ilustres presentes ao Estádio Sausalito, durante a partida contra a Espanha:

"(...) *Vicente Mateus [dirigente do Corinthians] e sua senhora viajam hospedados no Hotel Miramar. Chegaram ontem à cidade de Viña del Mar e aqui se encontraram na certeza de acompanhar de perto a evolução e o sucesso do quadro brasileiro no Mundial de 1962 (...).*"

Fiori também gostava dos bordões: *"abrem-se as cortinas e começa o espetáculo"*. O narrador chamava Zito de *"o moço de Roseira"*, cidade natal do craque. Na comemoração do título, o narrador da Panamericana não deixou de exaltar a seleção:

"(...) *Termina o jogo. Brasil, bicampeão mundial de futebol. Brasil, brasileiro... Brasil glorificado! Nossa garra, nossa raça, Brasil bicampeão mundial de futebol (...).*"

Nos microfones da Bandeirantes, Edson Leite deu voz ao primeiro gol brasileiro contra a Chile, marcado por Mané Garrincha:

"(...) Entra agora Amarildo, tenta o domínio, bola espirrada. Vai livre na esquerda, dominou Zagallo como ponteiro-esquerdo. Pode efetuar o cruzamento, a meia altura para a boca do arco. Bicicleta, bola livre com Vavá, deixou para Garrincha. Atira e goooool! Garrincha de forma espetacular de pé esquerdo na descida da bola. Marca o primeiro gol para o time brasileiro. Aos nove minutos do tempo inicial da partida (...)."

Pedro Luiz, companheiro de microfone de Edson Leite, narrou assim o terceiro da seleção na finalíssima:

"(...) Vai arremessar Garrincha pela ponta. Coloca-se bem o time tcheco. Bola movimentada para Djalma em recuo. Ergueu para o centro da área, quando Vavá toma pé para voar: goooooool! Gol de Vavá em um desses lances em que a sorte está decididamente de um lado só (...). O público já começa a se levantar. Fica de pé a plateia de Santiago do Chile. Brasileiros e chilenos irmanados, comemorando a vitória. (...) O árbitro vai, pede-lhe a bola... encerrada a partida. Termina o campeonato mundial de futebol. Brasil, campeão mundial de futebol (...)."

Para ouvir as transmissões feitas pelo rádio na Copa de 1962 e os discos comemorativos da conquista, entre na plataforma *Spotify* (www.spotify.com) e busque o podcast *"O rádio nas Copas de 58 e 62"*. Se preferir, baixe um leitor de *QR code* no seu celular e faça a leitura do código abaixo.

A rivalidade entre rádio e TV

A exibição do videoteipe das partidas da seleção brasileira fez com que torcedores e profissionais de imprensa questionassem o excesso de emotividade e até de parcialidade dos narradores de rádio. O mesmo jogo transmitido pelo rádio parecia um e o visto na TV, outro. Nelson Rodrigues observou: "*(...) E o patético é que, quinta-feira, o videoteipe de Brasil x Inglaterra nos dera um versão deprimente do escrete – a imaginação está sempre muito mais próxima das essências. Ao passo que o videoteipe é uma espécie de lambe-lambe do Passeio Público, que retira das pessoas toda a sua grandeza humana e esvazia os fatos de todo o seu patético.*"

Naquela época, os narradores já eram muito técnicos, como Pedro Luiz, da Bandeirantes, que descrevia precisamente os lances. No entanto, ainda havia muito "floreio" das jogadas, o que nem sempre correspondia à realidade. Os locutores também exageravam nas críticas aos árbitros. Era comum um torcedor ver na TV que o pênalti reclamado pelo narrador de rádio não deveria mesmo ter sido marcado. Para muitos, era um choque!

Sobre essa diferença, o colunista Anselmo Domingos, da *Revista do Rádio*, escreveu: "*A transmissão do videoteipe deve ter mostrado aos locutores brasileiros da Copa muita coisa. Foi um teste para o julgamento público. Agora, passadas as emoções, já se encontra quem diga que pelo rádio a coisa era uma, pela televisão se viu que era outra*". Uma outra nota da mesma publicação também fazia críticas aos profissionais de rádio: "*(...) Diz-se que durante a transmissão de alguns jogos quase morreu gente – tal a sensação das irradiações, tal o tom dramático, tal o galope de gritaria de alguns locutores.*"

O jornalista Gontijo Teodoro, em coluna no *Diário Carioca*, também fazia críticas: "*Foi uma decepção para toda a população ver pelo videoteipe que os jogos, lá no Chile, não têm sido aquilo que os locutores esportivos descrevem para cá. Falam de recuperação do quadro, quando o que temos visto são adversários fracos; elogiam jogadores por simples razões clubísticas ou bairristas.*"

Mas havia quem atacasse as limitações do videoteipe, como o técnico Zezé Moreira, irmão de Aymoré: "*Vendo os jogos pelo videoteipe, a torcida não tem base para fazer uma idéia exata das coisas, pois não tem uma visão panorâmica perfeita das ações. Na verdade, o 'scratch' está jogando maravilhosamente bem, e está errado julgar o contrário com base no que se vê pelo videoteipe."*

Quem assistiu ao VT da finalíssima entre Brasil e Tchecoslováquia se surpreendeu com uma cena que não foi relatada pelos radialistas. *"Um detalhe importante que o rádio não revelou, mas as câmeras de TV, insensíveis, mostraram: os beijos do senhor Paulo Machado de Carvalho nos jogadores e comandantes da seleção brasileira logo após a conquista do bicampeonato mundial de futebol. Na euforia da vitória, PMC beijou longamente Carlos Nascimento, Mauro, Aymoré Moreira etc. Delírio provocado pelo triunfo sensacional..."*, relatou a *Revista do Rádio*.

Depois da conquista da seleção, em 17 de junho, um domingo, o videoteipe foi enviado ao Brasil para a exibição no dia seguinte, no período da tarde. *O Globo* relatou assim a experiência dos torcedores cariocas: *"À tarde, no centro da cidade, o povo se amontoou de fronte às vitrinas das lojas de aparelhos elétricos, a fim de assistir ao 'videoteipe' do jogo de domingo, que era transmitido pela televisão."*

Mesmo depois da Copa, as emissoras levavam ao ar o VT da finalíssima para preencher lacunas da programação esportiva. O *Diário Carioca* de, 26 de junho de 1962, informou que as emissoras de televisão estavam proibidas de transmitir o Campeonato Carioca e a solução seria "tapar buraco" com o videoteipe: *"O campeonato carioca de futebol se inicia, hoje, a partir das 12 horas, quando, no Maracanã, entrarem em campo as equipes do Campo Grande e Madureira para a disputa do Torneio Início. As estações de televisão não transmitirão os jogos, em número de doze, por persistir a proibição dos clubes. A TV-Rio aproveitará para retransmitir o videoteipe do jogo final da VII Copa do Mundo, entre Brasil e Tchecoslováquia."*

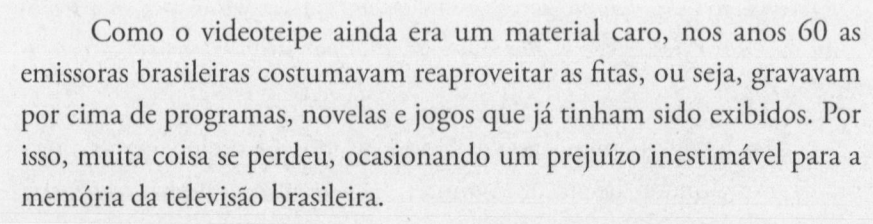

Como o videoteipe ainda era um material caro, nos anos 60 as emissoras brasileiras costumavam reaproveitar as fitas, ou seja, gravavam por cima de programas, novelas e jogos que já tinham sido exibidos. Por isso, muita coisa se perdeu, ocasionando um prejuízo inestimável para a memória da televisão brasileira.

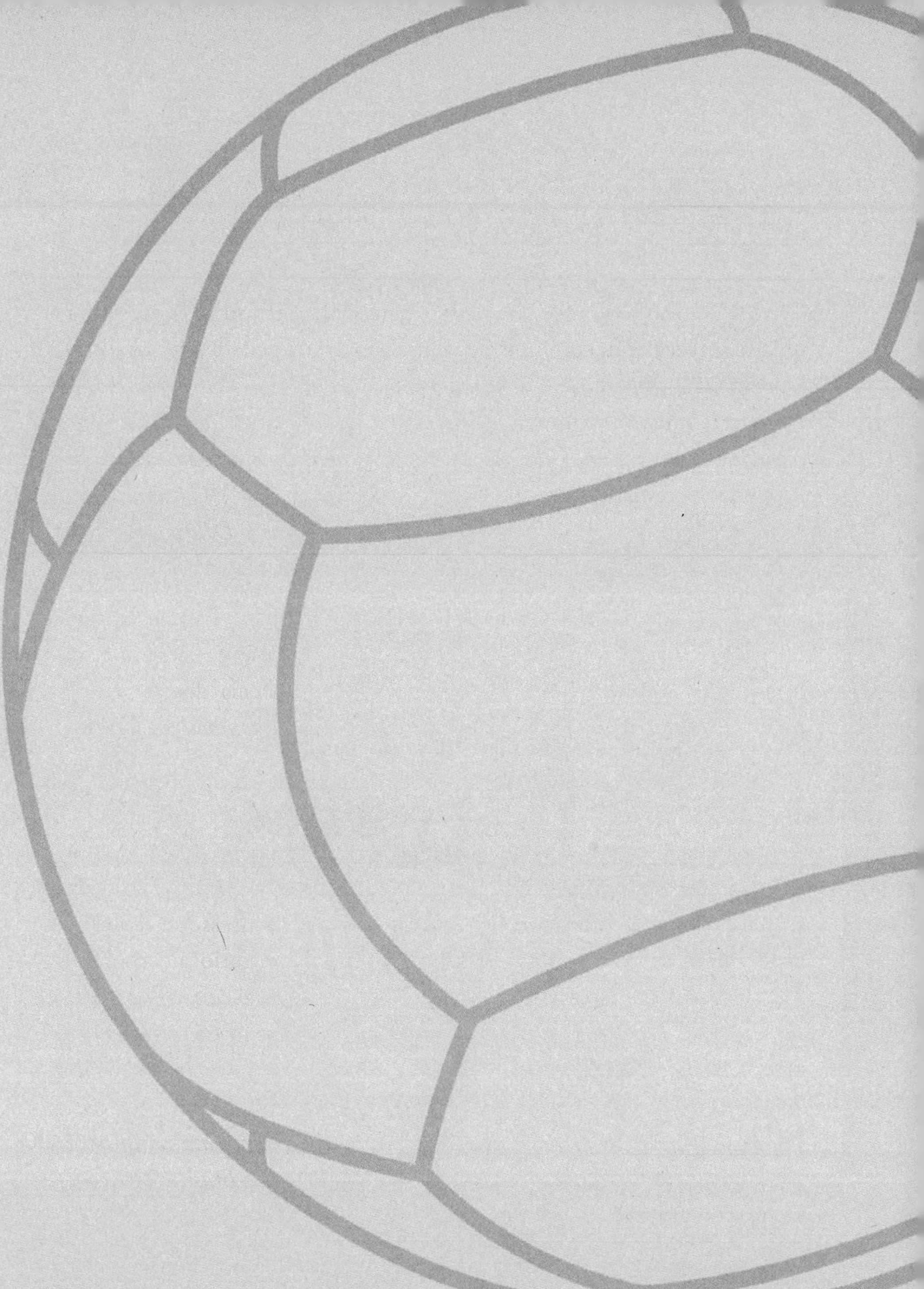

Cartão comemorativo pelo bicampeonato
(acervo pessoal do autor)

11

Os homens de Aymoré

Aymoré Moreira era mais mais enérgico e menos retraído do que Vicente Feola, mas gostava de cultivar hábitos simples. Em um perfil do treinador, publicado pela *Manchete* com o título "*A história secreta do bi*", a revista cita que o técnico gostava de criar galinhas no interior de São Paulo: "*De volta do Chile, o avicultor Aymoré Moreira sentou-se para pensar. Desde o dia que abandonara suas galinhas no sítio de Taubaté, muitas coisas lhe aconteceram, inclusive a conquista do coração de 70 milhões de brasileiros. (...) 'Sou um homem simples, acostumado a criar porcos e galinhas. Pertenço ao campo. Ali, aprendi a amar muitas coisas – entre elas, o futebol. Fiz dele uma profissão e, principalmente, uma arte'.*"

Nascido em Miracema, Rio de Janeiro, Aymoré dizia que a conquista do bicampeonato começou a nascer no segundo tempo do jogo contra a Espanha e destacou: "*Aprendi, também, com amargura, que os revezes deixam poucos caminhos para o retorno à luta (...). Meu único mérito foi o de ter aceitado a luta, ciente das suas terríveis alternativas. Se perdesse a Copa seria um homem liquidado*". Assim como Feola, Aymoré era muito aberto ao diálogo com os jogadores.

Na entrevista, ele desmentiu boatos envolvendo o capitão Mauro Ramos de Oliveira: "*Dizem que Mauro teria reclamado em tom enérgico a sua escalação como zagueiro central e capitão do time. É mentira. Num dos últimos treinos que antecederam ao nosso embarque, Mauro contundiu-se. Já em Viña del Mar, perguntei-lhe se se considerava em condições de jogo. Ele respondeu de modo afirmativo. É claro que isso não foi uma exigência, mas uma demonstração de amor ao escrete.*"

O treinador brasileiro revelou que era diariamente pressionado para alterar a escalação da equipe. Segundo ele, foram mais de oitenta telegramas que pediam o afastamento de Zagallo, Didi e Vavá. Uma parte da crônica e dos torcedores achava que os jogadores não estavam em boa fase. Aymoré Moreira ponderou: "*O mais curioso, porém, é que, mesmo hoje, após nossa indiscutível vitória, ainda me perguntam por que os mantive. (...) Barrar Didi corresponderia a dar de presente aos adversários uma das minhas armas mais eficientes*". E ele detalhou os bastidores da pressão feita pelos clubes: "*Sofri, sim, uma violenta pressão a partir do dia em que os 41 convocados se apresentaram: queriam que eu levasse Calvet à força. No dia do último treino, em São Paulo, fui apertado por toda a diretoria do Santos Futebol Clube. O deputado Mendonça Falcão, presidente da Federação Paulista de Futebol, chegou a recomendar que eu contasse até dez, antes de tomar qualquer decisão.*"

Por fim, exaltava as orientações dadas por ele aos atletas nos intervalos das partidas: "*Nossas vitórias nos segundos tempos serviram para mostrar que o escrete sempre retornava a campo melhor orientado*". Das seis partidas, apenas na semifinal a seleção terminou o primeiro tempo em vantagem no placar.

Aymoré não deixou de reverenciar Garrincha: "*Eu o considero tão grande como Pelé. Tem picardia própria, reflexos rápidos, dribla, cabeceia, corre e chuta bem. É, portanto, perfeito (...). Na concentração, ele era o comandante da alegria, inventando apelidos hilariantes para os colegas*". O treinador elogiou ainda o antecessor, Vicente Feola, considerado por ele, Aymoré, um autêntico bicampeão.

Apesar de todos os percalços, a seleção conquistou a Copa do Mundo pela segunda vez graças aos jogadores que honraram o bom nome do desporto brasileiro, como dizia Paulo Machado de Carvalho. Dos vinte e dois atletas, catorze também estavam no plantel de 1958. Nos seis jogos da competição, o técnico Aymoré utilizou doze dos vinte e dois atletas. Na volta para casa, o treinador foi ovacionado pela população de Taubaté, interior paulista.

Aymoré aciona Gylmar em treino no Maracanã
(*Fundo Correio da Manhã*/Acervo Arquivo Nacional)

Gylmar dos Santos Neves (22.08.1930 - 25.08.2013) – camisa 01

Gylmar é o único goleiro titular bicampeão da história das Copas. O nome dele se escrevia com Y. Para muitos, tinha uma atuação mais segura na seleção brasileira do que nos clubes. Ele começou a carreira defendendo as cores do Jabaquara. Depois, atuou por dez anos no Corinthians, sendo campeão paulista de 1954. Entretanto, Gylmar dos Santos Neves marcou época no Santos. Ao lado de Pelé, Coutinho, Jair, Zito, Pepe, Mengálvio, Dorval e tantos craques, foi bicampeão da Libertadores e do Mundial de Clubes, em 1962 e 1963. A IFFHS (Federação Internacional de História e Estatísticas do Futebol) o considera um dos vinte maiores goleiros da história do futebol mundial.

Além do bicampeonato nas Copas de 1958 e 1962, Gylmar, apelidado de "Girafa", jogou o mundial de 1966, na Inglaterra.

Djalma Santos (27.02.1929 - 23.07.2013) – camisa 02

Djalma Santos é considerado um dos melhores laterais direitos do mundo. O bicampeão nasceu em Uberaba, Minas Gerais, e era um dos veteranos da equipe vencedora no Chile. Ele disputou as Copas de 54, 58, 62 e 66, e teve destaque na Portuguesa e na imortal "academia" do Palmeiras. Entrou em campo em quase 500 jogos com a camisa alviverde. Além da disciplina tática, tinha muita raça e foi um dos mais regulares da seleção de 1962. Djalma Santos encerrou a carreira no Athletico-PR e depois tornou-se treinador.

Mauro (30.08.1930 - 18.09.2002) – camisa 03

Mauro Ramos de Oliveira é um dos maiores zagueiros da história do futebol brasileiro. Em 1958, foi reserva de Bellini, mas quatro anos depois assumiu a titularidade absoluta, apesar das críticas e de contestações da imprensa e da torcida. Coube a ele erguer a *Jules Rimet* no bicampeonato. Jogador clássico, nasceu em Poços de Caldas, Minas Gerais. É um dos maiores nomes da história do São Paulo e do Santos. Tinha o apelido de "Marta Rocha", nome da lendária Miss Brasil, em razão do estilo técnico dentro de campo e por se vestir bem fora dos gramados.

Zózimo (19.06.1932 - 21.09.1977) – camisa 05

Ao contrário de 1958, quando ficou na reserva de Orlando, o zagueiro baiano Zózimo Alves Calazans conquistou a titularidade ao lado de Mauro. Zózimo foi ídolo no Bangu, mas também teve passagens por Flamengo e Fluminense. O jogador morreu precocemente em um acidente de carro, em 1977. O veículo dele, um Fusca, chocou-se contra um poste na Estrada do Mendanha, em Campo Grande, Rio de Janeiro.

Nilton Santos (16.05.1925 - 27.11.2013) – camisa 06

Nilton Santos era sinônimo de raça, técnica e disciplina. Apelidado de "enciclopédia do futebol", o atleta conhecia os meandros dos gramados e, por ter características de atacante, pode ser considerado o primeiro lateral esquerdo ofensivo da história. O bicampeão brilhou no

Botafogo e na seleção brasileira. Em 1962, aos 37 anos, era um dos mais experientes do grupo. Nilton foi reserva na Copa de 1950 e titular nos três mundiais seguintes. Em 1962, no duelo contra a Espanha, o lateral usou da mais pura "malandragem": ao cometer uma infração dentro da área, deu dois passos para fora e conseguiu ludibriar o árbitro. Nilton Santos é considerado pela FIFA o maior lateral esquerdo da história do futebol. O jogador tinha uma ligação quase paternal com Garrincha e estava sempre junto de Mané.

Zito (08.08.1932 - 14.06.2015) – camisa 04

José Ely de Miranda, o Zito, era de Roseira, no interior de São Paulo. Raçudo e brigador, ele fez parte do esquadrão do Santos nos anos 50 e 60. Com muita regularidade, Zito brilhou na conquista do bicampeonato com a seleção e marcou o segundo gol na final contra a Tchecoslováquia. Chamado de "gerente", Zito era fundamental para organizar o meio de campo, ao lado de Didi.

Didi (08.10.1928 - 12.05.2001) – camisa 08

Waldir Pereira, conhecido como Didi, é um dos monstros sagrados da história do futebol mundial. Em 1958, foi considerado o melhor jogador da Copa. Já no Chile, em 1962, recebeu inúmeras críticas, mas soube superá-las e melhorou ao longo da competição. Didi tinha uma visão ímpar de jogo, distribuía a bola como poucos e cobrava faltas como ninguém. O chute "folha-seca" era a sua arma fatal e também a mais conhecida de seu vasto repertório. Nascido em Campos dos Goytacazes, no Rio de Janeiro, Didi marcou época no Botafogo, no Fluminense e ainda teve destaque no Real Madrid. No clube espanhol, travou uma batalha pessoal com Alfredo Di Stéfano. Disputou as Copas de 1954, 1958 e 1962. Após o bicampeonato, Didi começou a negociar transferência para o futebol francês, mas as conversas não avançaram. Depois de pendurar as chuteiras, treinou inúmeros clubes, nacionais e internacionais. Na Copa de 1970, Didi comandou a seleção do Peru que foi eliminada pela equipe brasileira nas quartas de final.

Garrincha (28.10.1933 - 20.01.1983) – camisa 07

A crônica esportiva costuma analisar o desempenho de Garrincha em 1962 como a maior atuação individual de um jogador em Copas, muito comparada com a de Maradona em 1986, no México. Manuel Francisco dos Santos, ou simplesmente Garrincha, nome popular de um pássaro, é um dos gênios do futebol mundial e um dos jogadores mais folclóricos da história. Simplório, mas nem sempre tão ingênuo como muitos o rotulavam, Mané Garrincha, o "gênio das pernas tortas", assombrou o mundo em 1958. Já em 1962, mostrou um repertório ainda maior e marcou gols de cabeça e com o pé esquerdo. Para Garrincha, por vezes chamado de "Charlie Chaplin da bola", não importava o adversário, o futebol era simplesmente uma brincadeira.

As constantes infiltrações nos joelhos, alcoolismo e dificuldades financeiras marcaram a sua carreira e a vida pessoal. O atleta, nascido em Pau Grande, no Rio de Janeiro, morreu cedo, aos 49 anos, em 1983. Mané jogou as Copas de 1958, 1962 e 1966. Entrou para as histórias do futebol brasileiro e mundial sendo considerado um dos maiores ídolos do Botafogo. Em São Paulo, teve uma discreta passagem pelo Corinthians, pois, na época, já enfrentava problemas físicos. A Copa de 1962 marcou o início do relacionamento de Garrincha com a cantora Elza Soares.

Vavá (12.11.1934 - 19.01.2002) – camisa 19

Edvaldo Izídio Neto, ou simplesmente Vavá, nasceu em Recife, em 1934, e é um dos grandes nomes do bicampeonato mundial da seleção brasileira. Em 1958, marcou cinco gols e em 1962 foram quatro. Apesar de uma primeira fase apagada, Vavá subiu de produção e teve uma atuação fantástica contra o Chile, nas semifinais. Acreditava em todas as bolas e não receava qualquer disputa, por mais viril que fosse. Vavá se destacou no Vasco e no Palmeiras. No exterior, jogou por clubes como Atlético de Madrid e América do México.

Edson Arantes do Nascimento (Pelé) (23.10.1940) – camisa 10

O mundo esperava com ansiedade a participação de Pelé na Copa de 1962. E não era para menos. O campeão mais jovem da história dos mundiais foi apresentado ao planeta em 1958. Aos 17 anos, o menino Pelé marcou seis gols no mundial e assombrou os torcedores e a imprensa com lances espetaculares. Entretanto, quatro anos depois, esgotado por uma maratona de jogos, Pelé se machucou sozinho na segunda partida e não mais entrou em campo.

Em 1966, na Inglaterra, naufragou com a equipe brasileira, mas foi tricampeão em 1970, aliás o único a vencer a Copa três vezes como jogador. O título no México, aos 29 anos de idade, representou o coroamento definitivo do camisa 10. Depois de encerrar a carreira no Santos, em 1974, Pelé ainda atuou pelo Cosmos, de Nova Iorque, e ajudou a popularizar o futebol nos Estados Unidos. Ele marcou doze gols em Copas do Mundo, seis apenas em 1958.[10] Em 1980, o jornal francês *L'Équipe* lhe concedeu o título de "Atleta do Século".

Nascido em Três Corações, Minas Gerais, é filho de Dondinho, que também havia sido jogador de futebol e ensinou o ofício ao filho. Ainda nos anos 40, a família mudou-se para Bauru, interior de São Paulo. Pelé começou a se destacar nos campos de várzea e passou a atuar pelo juvenil do BAC, Bauru Atlético Clube. Levado para o Santos pelo ex-atacante Waldemar de Brito, Pelé se consagrou no time da Vila Belmiro.

Amarildo (29.07.1939[11]) – camisa 20

Amarildo Tavares da Silveira entrou para a história como o substituto de Pelé que garantiu a classificação da seleção brasileira para a segunda fase da Copa de 1962. Ou seja, o jovem, predestinado, deu conta do recado e foi chamado de "possesso" por Nelson Rodrigues. Além dos dois gols contra a Espanha, o tento de empate contra a Tchecoslováquia na final foi fundamental. Amarildo fez história no Botafogo, mas também

---

10. Pelé marcou 12 gols em Copas: seis em 1958, um em 1962, outro em 1966 e quatro em 1970.

11. Inúmeras fontes citam 1940, mas o próprio jogador confirma seu nascimento em 1939.

vestiu as camisas de Flamengo e Vasco. O atleta, nascido em Campos dos Goytacazes, no Rio, também se destacou na Itália ao defender as cores de Milan, Fiorentina e Roma. Jogou apenas a Copa de 1962.

Amarildo sempre exaltou a união do grupo: *"(...) o grupo era muito unido (...) cada um era amigo um do outro, não tinha panelinha, não tinha grupinho. Todo mundo igual. Quer dizer, isso também ajudou muito a seleção. (...) Chegava todo mundo junto para o almoço, para o jantar, jogar baralho... Quer dizer, você via que o grupo estava concentrado e muito bem, em harmonia (...)"*.[12] Assim que foi escolhido como substituto de Pelé, Paulo Machado de Carvalho entrou em ação e conversou muito com o jogador.

O dirigente convenceu Amarildo de que ele poderia ser Pelé!

Mário Jorge Lobo Zagallo (09.08.1931) – camisa 21

Emotivo e apaixonado pela camisa amarelinha. O alagoano Mário Jorge Lobo Zagallo é o homem mais vitorioso da história do futebol mundial, sendo o único a ganhar quatro Copas: foram duas como jogador (1958 e 1962), uma como técnico, em 1970, e outra como coordenador, em 1994. Como atleta, o ponta-esquerda vestiu as camisas de América-RJ, Flamengo e Botafogo. Raçudo, brigador e disciplinado taticamente, Zagallo foi um dos grandes destaques dos títulos de 1958 e 1962. Apesar da discrição, era uma peça fundamental da seleção. O "formiguinha" atuava como um "operário", cobria as investidas de Nilton Santos pela esquerda e também ajudava no ataque. Sobre Zagallo, a *Revista do Esporte* analisou: *"(...) herói infatigável, que não foi ponta, não foi meia, não foi posição nenhuma – foi tudo; sangue, alma e talento em prol do Brasil. Armava e desarmava os outros (...)."*

Depois de pendurar as chuteiras, Zagallo virou treinador e teve passagens por Botafogo, Flamengo, Fluminense, Portuguesa e Vasco. Fora do país trabalhou na Arábia Saudita e Emirados Árabes. Ele comandou a seleção nas Copas de 1970, 1974 e de 1998. Em 1994, no tetracampeonato, e em 2006, esteve ao lado de Carlos Alberto Parreira como coordenador técnico.

---

12. Depoimento de Amarildo para o projeto *Futebol, Memória e Patrimônio* da FGV (2011): https://cpdoc.fgv.br/museudofutebol/amarildosilveira#Sumario1.

Castilho (27.11.1927 - 02.02.1987) – camisa 22

O goleiro carioca Carlos Castilho também é bicampeão como Gylmar, mas não entrou em campo nas campanhas vitoriosas. Ele esteve em quatro Copas, de 1950 a 1962, mas só foi titular em 1954, na Suíça. Castilho marcou época no Fluminense ao defender o tricolor de 1946 a 1965, disputando quase 700 jogos, um recorde.

Por ser considerado um goleiro de sorte, recebeu o apelido de "leiteria", referência a uma pessoa afortunada. Fazia o possível e o impossível dentro e fora do campo. Certa vez, ao sofrer uma contusão na mão que lhe deixaria muito tempo longe dos gramados, não titubeou: resolveu amputar a ponta de um dedo para se recuperar mais rápido e poder voltar a jogar pelo Fluminense. Assim como em 1958, ajudou Gylmar dos Santos Neves, o titular da posição, a se preparar. Na época ainda não havia treinador de goleiros.

Jair Marinho (17.07.1936 - 07.03.2020) – camisa 12

Natural de Santo Antônio de Pádua, no Rio de Janeiro, o lateral direito Jair Marinho de Oliveira foi reserva de Djalma Santos. Ele admitia que não tinha como concorrer com o titular. Jair Marinho jogou por dez anos no Fluminense: de 1954 a 1964. Vestiu ainda as camisas da Portuguesa de Desportos, do Corinthians e do Vasco da Gama. Fora do Brasil, já no fim de carreira, defendeu as cores do Alianza Lima, do Peru.

Hideraldo Luiz Bellini (07.06.1930 - 20.03.2014) – camisa 13

O zagueiro bicampeão do mundo nasceu em Itapira, interior de São Paulo, e entrou para a história como o primeiro brasileiro a erguer a *Jules Rimet*, em 1958. Entretanto, quatro anos depois, foi reserva de Mauro.

Com passagens por Vasco, São Paulo e Athletico-PR, Bellini disputou as Copas de 1958, 1962 e 1966. A imagem dele erguendo a *Jules Rimet* está imortalizada em uma estátua em frente ao principal portão de acesso do estádio do Maracanã.

Jurandir (12.11.1940 - 06.03.1996) – camisa 14

Jurandir de Freitas foi reserva de Zózimo na zaga brasileira. Nascido em Marília, jogou dez anos pelo São Paulo. Começou a carreira no Corinthians de Marília e depois se transferiu para o São Bento, da mesma cidade do interior paulista, antes de defender as cores do tricolor paulista. No São Paulo, jogou junto com Bellini.

Altair (22.01.1938 - 09.08.2019) – camisa 15

Natural de Niterói, Rio de Janeiro, Altair Gomes de Figueiredo chegou a ser escalado por Aymoré Moreira em jogos da fase preparatória, mas não tinha como competir com Nilton Santos na lateral esquerda. No Fluminense, foi ídolo da torcida e atuava principalmente como zagueiro. Era um excelente marcador. Esteve ainda na Copa de 1966, quando entrou em campo nas partidas contra a Bulgária e a Hungria.

Mengálvio (17.12.1939) – camisa 17

O meia Mengálvio Pedro Figueiró fez parte do esquadrão do Santos dos anos 60. O jogador nasceu em Laguna, Santa Catarina, e ainda teve passagens pelo Grêmio e pelo Millonarios, da Colômbia. Na Copa de 1962, ficou na reserva de Didi.

Zequinha (18.11.1934 - 25.07.2009) – camisa 16

O recifense José Ferreira Franco, apelidado de Zequinha, atuou com as camisas do Santa Cruz, Palmeiras, Fluminense, Athletico-PR e Náutico. Na Copa o volante não teve chances de entrar em campo.

Coutinho (11.06.1943 - 11.03.2019) – camisa 9

A imprensa pressionou Aymoré Moreira para escalar Coutinho na Copa no lugar de Vavá. Entretanto, Antônio Wilson Vieira Honório, nascido em Piracicaba, interior paulista, não estava cem por cento físicamente. Mas o treinador brasileiro também não queria abrir mão de Vavá, por causa da experiência. Coutinho foi, sem dúvida, um dos maiores companheiros de Pelé no Santos. A dupla era uma máquina infernal de marcar gols. Nas duas passagens que ele teve pelo time da Vila, Coutinho balançou as redes adversárias 368 vezes em 457 partidas. Além do Santos, o atleta teve passagens por Vitória, Portuguesa, Atlas (México), Bangu e Saad. Depois de pendurar as chuteiras, Coutinho treinou clubes como Santos, Santo André, São Caetano e Bonsucesso.

Da esquerda para direita: Coutinho, Garrincha e Aymoré Moreira
(*Última Hora*/Arquivo Público do Estado de São Paulo)

Jair da Costa (09.07.1940) – camisa 18

Nascido em Santo André, na Grande São Paulo, o ponteiro Jair da Costa ficou na reserva de Garrincha. Depois de se destacar na Portuguesa, o jogador atraiu olhares do futebol italiano. No velho continente, passou por Internazionale e Roma. Na volta ao Brasil, nos anos 70, defendeu as cores do Santos.

Pepe (25.02.1935) – camisa 11

José Macia, conhecido como Pepe, é bicampeão mundial com a seleção brasileira, mas esteve na reserva de Zagallo nas duas Copas. O ponta-esquerda fez história no Santos e desponta como um dos maiores ídolos da história do clube. Chamado de "canhão da Vila", é vice-artilheiro do time com 405 gols, atrás apenas de Pelé. Foi bicampeão da Libertadores e do Mundial de Clubes (1962-1963).

CAMPEONATO MUNDIAL DE FUTBOL
WORLD FOOTBALL CHAMPIONSHIP
CHAMPIONNAT MONDIAL DE FOOTBALL
COUPE JULES RIMET

CHILE 1962

Cartaz oficial da Copa de 1962
(FIFA)

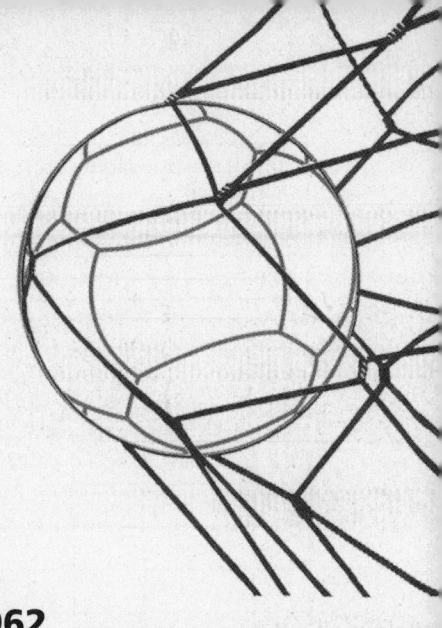

Resultados, classificação e curiosidades da Copa de 1962

Copa do Mundo de 1962 – Suécia – de 30 de maio a 17 de junho

Grupo 1 (Arica)	Grupo 2 (Santiago)
30.05 Uruguai 2 x 1 Colômbia	30.05 Chile 3 x 1 Suíça
31.05 URSS 2 x 0 Iugoslávia	31.05 Alemanha 0 x 0 Itália
02.06 Iugoslávia 3 x 1 Uruguai	02.06 Chile 2 x 0 Itália
03.06 URSS 4 x 4 Colômbia	03.06 Alemanha 2 x 1 Suíça
06.06 URSS 2 x 1 Uruguai	06.06 Alemanha 2 x 0 Chile
07.06 Iugoslávia 5 x 0 Colômbia	07.06 Itália 3 x 0 Suíça
Grupo 3 (Viñã del Mar)	**Grupo 4 (Rancágua)**
30.05 Brasil 2 x 0 México	30.05 Argentina 1 x 0 Bulgária
31.05 Tchecoslováquia 1 x 0 Espanha	31.05 Hungria 2 x 1 Inglaterra
02.06 Brasil 0 x 0 Tchecoslováquia	02.06 Inglaterra 3 x 1 Argentina
03.06 Espanha 1 x 0 México	03.06 Hungria 6 x 1 Bulgária
06.06 Brasil 2 x 1 Espanha	06.06 Argentina 0 x 0 Hungria
07.06 México 3 x 1 Tchecoslováquia	07.06 Bulgária 0 x 0 Inglaterra
Quartas	**Semifinal**
10.06 Chile 2 x 1 URSS (Arica)	13.06 Brasil 4 x 2 Chile (Santiago)
10.06 Iugoslávia 1 x 0 Alemanha (Santiago)	13.06 Tchecoslováquia 3 x 1 Iugoslávia (Viña del Mar)
10.06 Brasil 3 x 1 Inglaterra (Viña del Mar)	**3º lugar - Santiago**

10.06 Tchecoslováquia 1 x 0 Hungria (Rancágua)	16.06 Chile 1 x 0 Iugoslávia (Santiago)
Final - Santiago	
17.06 Brasil 3 x 1 Tchecoslováquia	

Classificação final									
	Seleção	Jogos	Vitórias	Empates	Derrotas	Gols-Pró	Sofridos	Saldo	Pontos*
1º	Brasil	6	5	1	0	14	5	9	11
2º	Tchecos	6	3	1	2	7	7	0	7
3º	Chile	6	4	0	2	10	8	2	8
4º	Iugoslávia	6	3	0	3	10	7	3	6
5º	URSS	4	2	1	1	9	7	2	5
6º	Hungria	4	2	1	1	8	3	5	5
7º	Alemanha	4	2	1	1	4	2	2	5
8º	Inglaterra	4	1	1	2	5	6	-1	3
9º	Itália	4	1	1	1	3	2	1	3
10º	Argentina	4	1	1	1	2	3	-1	3
11º	México	3	1	0	2	3	4	-1	2
12º	Espanha	3	1	0	3	2	3	-1	2
13º	Uruguai	3	1	0	2	4	6	-2	2
14º	Colômbia	3	0	1	2	5	11	-6	1
15º	Bulgária	3	0	1	2	1	7	-6	1
16º	Suíça	3	0	0	3	2	8	-6	0

* Cada vitória valia dois pontos.

Artilharia: Jerkovic (Iugoslávia), com cinco gols

Gols marcados: 89 (a seleção brasileira teve o melhor ataque com 14 gols)

Média: 2,78

Palco de alegrias e de tristezas

O Estádio Nacional de Santiago do Chile foi palco do bicampeonato mundial da seleção e de outras centenas de partidas. No entanto, onze anos depois, em 1973, a praça de esportes viveu uma história triste e sangrenta. Com o início da ditadura de Augusto Pinochet, o estádio começou a receber opositores ao regime. O local virou uma prisão improvisada e muitas pessoas foram assassinadas lá.

Triste história!

"*Bang-bang*" antes do duelo

O jornal *Última Hora* registra que na véspera do primeiro duelo contra os tchecos, em Viña del Mar, os atletas brasileiros assistiram a um filme na concentração: "*Ontem à noite, os jogadores assistiram a uma sessão de cinema. 'Bang-bang', naturalmente.*"

Entretanto, o filme parece não ter inspirado a pontaria dos jogadores!

Já ganhou?

Antes da final da Copa, o presidente João Goulart mandou a Casa da Moeda cunhar medalhas de ouro de cinquenta gramas que seriam entregues aos jogadores e aos integrantes da comissão técnica. Entretanto, os funcionários da instituição entraram em pânico, de acordo com o jornal *O Globo*. Como o pedido foi feito na sexta-feira, dia 15 de junho, eles ficaram em dúvida se deveriam antecipar a cunhagem e escrever nas moedas "Brasil campeão". E se a seleção perdesse? A solução óbvia foi armar um plantão na Casa da Moeda no próprio domingo. Os funcionários já estavam com a "*talhadeira em punho, prontos para gravar os dizeres*", segundo a publicação.

Greve ameaça transmissão

Os telegrafistas do Brasil entraram em greve às vésperas da estreia da seleção contra o México. O *Jornal dos Sports* reiterou que, apesar da paralisação, a transmissão do jogo pelo rádio estava garantida: *"A Agência Nacional e o Departamento de Correios e Telégrafos garantem a transmissão radiofônica do match Brasil x México, apesar da greve que os telegrafistas das empresas particulares deflagraram a zero de hoje. Nota divulgada ontem (...) dá conta que pelo canal de 'A Voz do Brasil' será fornecido som a todas as emissoras nacionais."*

O passarinho de Garrincha

A reportagem do *Diário Carioca* registrou o momento em que Mané Garrincha chegou a Pau Grande, no Rio de Janeiro, com o pássaro que ganhou do governador Carlos Lacerda: *"Toda a numerosa família do famoso jogador e mais os vizinhos reuniram-se em torno da gaiola, organizando uma entusiástica torcida que vibrava intensamente com as 'tiradas' do pássaro falante (...)"*. Segundo o jornal, o Mainá dizia: "fala, Manuel", "Vasco", "a chave, a chave". Um dos objetivos era ensinar a ave a falar "Botafogo" e se esquecer do Vasco da Gama!

Durante a Copa, o *Jornal dos Sports* deu a seguinte manchete: *"Brasil é grande porque tem um demônio chamado Garrincha."*

Com toda a razão!

Um torcedor incomum

O presidente do Chile, Jorge Alessandri, não entendia muito de futebol e chegou a aplaudir a seleção comandada por Aymoré Moreira a cada gol marcado contra os donos da casa. Ele assistiu ao jogo da semifinal ao lado do embaixador brasileiro Fernando de Alencar. Quando a torcida chilena vaiou os brasileiros, o presidente se irritou, conforme o relato de *O Cruzeiro*: *"(...) irritou-se e, como se pudesse ser ouvido pela multidão, começou a gritar: 'Calem-se! Calem-se, não sejam tão pouco desportistas!'"* A publicação dizia que ele tinha *"doce ignorância em matéria de futebol e suas leis"*. O presidente também questionou o motivo de Garrincha ter deixado o gramado antes do duelo chegar ao fim. Ou seja, Alessandri não tinha a menor ideia sobre a expulsão de Garrincha. Antes da partida, o chefe de estado fez uma visita surpresa à concentração brasileira em Santiago. Aliás, o pai dele, Arturo Alessandri, também tinha sido presidente do Chile e foi um dos responsáveis pela construção do Estádio Nacional.

Sol na cuca

O colunista Anselmo Domingos, da *Revista do Esporte*, reclamou do preço dos ingressos cobrados na Copa. Em relação ao Estádio Sausalito, em Viña del Mar, ele destacou: "*(...) O melhor local custa 4 mil e oitocentos cruzeiros! Uma entrada simples, atrás do gol, cobram 450 cruzeiros! E não há qualquer localidade coberta em Sausalito... Por isso, quem foi ver o jogo com o México apanhou sol o tempo todo porque, mesmo com o frio em Viña del Mar, (...) também há momentos de soleira (...)*". O estádio oferecia vinte e duas cabines de transmissão para a imprensa e os funcionários sempre estavam dispostos a ajudar.

Jango conversa com Paulo Machado de Carvalho
durante as comemorações pelo bi
(*Fundo Correio da Manhã*/Acervo Arquivo Nacional)

Vidro na cuca

Na véspera do segundo jogo do Brasil na Copa, os grandes nomes da Rádio Panamericana, Fiori Gigliotti, Leônidas da Silva e Renato Silva, estavam em um restaurante, quando Paulo Machado de Carvalho, patrão deles, chegou ao local. O dirigente, proprietário da emissora de rádio, acenou para os três quando deu de cara em uma porta de vidro. Segundo o livro *Marechal da Vitória*, Paulo Machado de Carvalho teve de ser atendido em um pronto-socorro por causa de um machucado na testa.

Escarlatina à solta

Um jornal chileno espalhou o boato de que jogadores brasileiros estavam com escarlatina, uma doença infecciosa que causa manchas avermelhadas no corpo. A *Revista Manchete* brincou com a história: "*(...) a única coisa vermelha que havia eram os tomates suculentos que os jogadores comem nas refeições*". A publicação brasileira também trazia bastidores da concentração nacional. Apesar de machucado, Pelé era o campeão absoluto de pingue-pongue em El Retiro. Já Garrincha demonstrava preocupação com a nevasca na Cordilheira dos Andes: "*As rolinhas de lá vão ficar geladas, coitadinhas...*"

Caça aos autógrafos

Em cada Copa do Mundo, sempre há os caçadores de autógrafos: vão desde crianças, que lotavam a concentração brasileira, a adultos. No Chile, os mais visados eram Pelé, Sívori, Di Stéfano e Puskás.

Faltou o Flamengo

A *Revista do Rádio* informa que a cantora Ângela Maria esteve no Chile e fez uma reclamação: "*(...) O fato é que acompanhei com emoção todas as irradiações da Copa do Mundo e adorei as atuações de Zagallo, Vavá, Djalma, Garrincha e Amarildo. Só senti que o selecionado não tivesse jogadores do 'Mengo', mas me consolou o fato de Zagallo já ter sido nosso*".

No título de 1958, o ponta brasileiro estava no Flamengo. Em 1962, Zagallo vestia as cores do Botafogo.

Mané e Elza Soares

A mesma *Revista do Rádio* traz notas sobre Garrincha e Elza Soares que começaram um romance durante a Copa do Mundo. A cantora torceu muito pela seleção: "*A Copa do Mundo foi uma tortura para mim. Emagreci nada menos de seis quilos de tanto 'torcer' e sofrer pelo Brasil*". Paulo Machado de Carvalho fazia vistas grossas para o romance e dava um "jeitinho" para que a cantora e o jogador se encontrassem na concentração brasileira.

Dribles de Mané

Na volta ao Brasil, Garrincha se esquivou de pedidos de entrevistas. "*Pelo menos uma dúzia de programas de TV levaram o 'bolo' do nosso Mané Garrincha. Todo mundo quis apresentar o maior jogador da Copa do Mundo. Garrincha recebeu os convites, fez de conta que estaria nos programas... e 'driblou' os espertinhos que desejavam cartaz às suas custas...*", segundo a *Revista do Rádio*.

Os registros de Stanislaw

O cronista Sérgio Porto, o Stanislaw Ponte Preta, é autor de um livro precioso para conhecer bastidores da Copa de 1962. Em *Bola na rede: a batalha do bi*, ele descreve as partidas com um jeito peculiar e chama a bola de "leonor".

"*Começa o pega. (...) O Brasil está nervoso. Tá parecendo o misto do Campo Grande em dia de treino. (...) Só no segundo tempo Pelé se lembrou que era Pelé: apanhou a leonor no meio do campo, puxou todos os mexicanos para a direita (vieram todos, de Juarez ao Trio Los Panchos) e deu um passe a Zagallo lá na esquerda, que só teve o trabalho de testar para o véu da noiva.*"

(Brasil 2 x 0 México)

"Os tchecos não chegaram à final por acaso, eles dominam a leonor com a mesma facilidade com que o Cartola da Mangueira domina o telecoteco. (...) E lá vai Manuel, o Venturoso. Tem quatro cercando ele, mas é pouco. (...) E é gol, Amarildo, nem bem eu tinha acabado de escrever a frase acima e Amarildo... ah, menino bom! (...) Zito de vez em quando diz pro Didi 'güenta aí que vou ali, mas já volto' e seu Mané dá o primeiro grito de carnaval da tarde. (...) O sol atrapalhou e o lotação Vavá-Largo da Abolição botou a juriti pra cantar. (...) Os chilenos vinham vaiando o maior craque deste campeonato do mundo, mas agora seu Mané ficou com a bola no pé uns 30 segundos. Palmas do estádio inteiro. E acabou. O Brasil é bicampeão mundial de futebol!"

(Brasil 3 x 1 Tchecoslováquia)

Bola marrom

Nas poucas fotos em cores da Copa de 1962, é possível observar que as bolas utilizadas no mundial eram da cor marrom. Pareciam pesadas, mas era só impressão. Em 1958, as bolas marrons também foram usadas, mas não em todas as partidas. Nos jogos da seleção brasileira contra a França, pela semifinal, e diante da Suécia, na finalíssima, as bolas eram brancas. Já o craque Didi reclamou muito da bola chilena. Para o duelo contra os ingleses, foi utilizada uma fabricada na Suécia. *"Custaram, mas botaram a minha ferramenta em ação"*, declarou à revista *Manchete*.

Cérebro russo

Uma espécie de supercomputador instalado em Moscou indicava que a seleção da URSS seria a campeã do mundo de 1962. Mas a máquina, chamada de "Ural 2", errou feio. A *Revista do Esporte* destacou: *"Falhou o cérebro eletrônico"*. De acordo com a publicação, a imprensa soviética criticou a atuação dos jogadores na eliminação para o Chile: *"(...) a seleção soviética foi irremediavelmente batida (e eliminada) pela chilena por 2 x 1, num jogo em que os soviéticos demonstraram que têm muito o que aprender em matéria de futebol, pois, segundo alguns jornalistas da URSS, eles ainda não sabem como cabecear uma bola..."*

"Waterloo" chileno

A expectativa era grande para a partida final contra a Tchecoslováquia, duelo classificado pela imprensa da época como "Waterloo", referência à última batalha de Napoleão, em 1815. Ao menos trezentos brasileiros viajaram para Santiago apenas para assistir à decisão. O jornal *Última Hora* informava: "*Nas listas de passageiros, já organizadas pelas agências de turismo 'Exprinter' e 'Camillo Khan', figuram personalidades como o radialista César de Alencar e o Sr. Amaro Silveira, pai do craque Amarildo*". Pelo preço da época, cada passageiro desembolsava 93 mil cruzeiros com tudo incluído, até mesmo as refeições. O torcedor dava 33 mil de entrada e podia parcelar o restante em dez vezes. Segundo o *Jornal dos Sports*, oito aviões fretados partiram do Brasil antes da finalíssima. O preço dos ingressos variava de 20 a 40 dólares.

Agonia de Feola

O treinador campeão de 1958 passou dias internado no Hospital Santa Catarina, em São Paulo. A revista *O Cruzeiro* acompanhou de perto a agonia do técnico. "*Feola, um general na cama*", era a manchete da reportagem. Dona Joaninha, esposa de Feola, não o largava um instante sequer. "*No apartamento 206 do Hospital Santa Catarina, em São Paulo, um homem vive momentos dramáticos, contando nos dedos os dias que passam. Ele trava uma luta contra o tempo. Tem um encontro marcado para o dia 30 de maio, no Chile, com 22 homens que afetuosamente chama de 'meus rapazes'*". Feola sempre alimentou esperanças de viajar ao Chile, mesmo no decorrer do mundial. Mas não foi possível!

A revista informava sobre o seu estado de saúde: "*Atacado por uma nefrite aguda, teve de ser hospitalizado e ficar entregue aos cuidados de três médicos (Piragibe Nogueira, Roberto Pires de Campos e Sílvio Bertacchi), a quem o bom Feola, todos os dias, faz apelos para que lhe deem alta o mais rápido possível*". Feola ouvia o rádio e assistia à TV o tempo todo. Pelo telefone, o treinador conversava com o supervisor Carlos Nascimento, diretamente do Chile. No retorno dos jogadores após o bicampeonato, Feola já estava em casa e recebeu a visita dos vencedores.

Antes da Copa, o treinador esteve no Chile visitando as instalações da concentração de El Retiro e fez amizade com o administrador do local, José Ramella Minichetti. Já durante a Copa, com a ausência do treinador, Minichetti carregava com ele um recorte de jornal que estampava a foto de Feola ouvindo rádio no hospital.

Jango faz homenagem a Feola, ausente no Chile
(*Última Hora*/Arquivo Público do Estado de São Paulo)

Inflação da Copa

De acordo com o *Jornal dos Sports*, os hotéis chilenos, principalmente os de Santiago, cobravam a diária de 2.400 cruzeiros. Entretanto, o preço subiu para 6.000, durante a Copa. Os taxistas e os restaurantes também inflacionaram os preços. A *Revista do Esporte* detalhava: "*As coisas custam caro no Chile. Um rádio portátil que no Brasil cobram de Cr$ 6* a 8 mil, no Chile custa de 36 a 40 mil cruzeiros! Um cafezinho, 40 cruzeiros. Entrada de cinema, 450 cruzeiros. Um jornal de poucas páginas, 15. E uma revista esportiva custa 100 cruzeiros! (Estes preços são feitos na base do câmbio seguinte: 1 escudo chileno vale 300 cruzeiros)."

Invasão na Copa

Cerca de setecentos profissionais de imprensa desembarcaram no Chile para a cobertura da Copa e cerca de duzentos e cinquenta eram brasileiros. Os organizadores tiveram muito trabalho com os fotógrafos, que invadiram o campo inúmeras vezes para registrar as comemorações dos gols. Geraldo Romualdo Silva escreveu no *Jornal dos Sports*: "*Os fotógrafos não atenderam às instruções do Comitê Organizador da Copa no sentido de que fosse observada a presença de um máximo de 10 fotógrafos dentro da cancha, e já muito antes dos dois quadros entrarem em campo, via-se mais de quarenta profissionais com suas máquinas em punho, atrás de documentar todos os flagrantes que antecederam a entrada dos dois quadros em campo*". O jornalista salientava que na partida do Brasil contra o México, cerca de 50 fotógrafos estavam no estádio e a maior parte se posicionou atrás do gol de Carbajal.

Já os jornalistas brasileiros viviam reclamando da telefonia chilena, principalmente quando tinham de ligar para o Brasil a partir de Viña del Mar. O curioso é que a ligação para São Paulo era mais aceitável do que o telefonema para o Rio de Janeiro.

Café indigesto

O saudoso jornalista Orlando Duarte escreveu no livro *Todas as Copas do Mundo* que os chilenos faziam alusões a iguarias dos países, a cada vitória na Copa: "*(...) Os chilenos [diziam que] haviam comido macarrão (venceram a Itália, 2 a 0), comido queijo suíço (venceram a Suíça, 3 a 1), tomaram vodka (ganharam da URSS, 2 a 1), precisavam tomar café, ganhando do Brasil, mas o café foi indigesto...*"

Por outro lado, o massagista Mário Américo brincou, após a vitória diante dos ingleses, e esperava, claro, um bom resultado contra o Chile: "*O whisky já foi. Agora vamos beber o vinho dos homens aí (...)*."

Dia a dia no Chile

Os repórteres brasileiros que viajaram ao país da Copa se surpreenderam com alguns hábitos locais. Os chilenos colocavam pouco sal na comida e usavam abacate com pratos salgados. Quase não comiam filé, preferiam sopa e peixes locais, com vinho. Já o comércio funcionava em um horário curioso: abria às 9h30 e fechava às 12h para almoço. Depois só reabria às 16h para encerrar às 21h. Sobre a frota de veículos, a *Revista do Esporte* explicou: "*(...) Não há automóveis velhos na praça, como no Rio. Alguns são até de 60 e 61. Por sinal, não há Volkswagens no Chile. Raríssimos. Mas circulam algumas caminhonetas de propaganda da Caracu (...)*". Segundo os jornalistas, os taxistas servem bem e são muito educados. Na época, Viña del Mar não tinha bondes, mas carruagens puxadas por cavalos.

Cadê a comida?

O hotel mais luxuoso de Viña del Mar era o San Martín, mas os hóspedes reclamavam que o estabelecimento não servia refeições. A solução era ir até o restaurante mais próximo, um italiano que, segundo relatos, não agradava muito.

Um outro restaurante, chamado San Marco, era frequentado por dezenas de brasileiros. Segundo a *Gazeta Esportiva*, um torcedor costumava incomodar as mesas vizinhas ao soltar a voz durante as refeições e "irradiar" gols de Pelé.

Era o clima de Copa!

Músicas nacionais

A imprensa destacava que os chilenos conheciam muitas músicas brasileiras, principalmente as marchinhas *"Mamãe eu quero"*, *"Me dá um* dinheiro aí", "Chiquita Bacana", "Você pensa que cachaça é água" e "Cidade Maravilhosa".

Torcedor símbolo

O torcedor brasileiro mais popular presente ao Chile era o bonachão José Bustamante, comerciante de São Paulo. Ele entrava nos estádios com fogos de artifício, bombas e bandeiras. O sobrenome dele é igual ao do árbitro chileno Sérgio Bustamante que apitou o duelo entre Brasil e Espanha. Entre as torcedoras, madame Vigorelli era a mais animada, segundo a *Revista do Esporte*.

Supersticiosos (parte um)

Não era só Paulo Machado de Carvalho que abusava das superstições para atrair o bicampeonato. Os profissionais de imprensa também tinham as suas manias. Rezava a lenda que toda vez que Carlos Lemos, do *Jornal do Brasil*, postava-se atrás da meta dos adversários, os comandados de Aymoré Moreira marcavam dois gols. Lemos entrava no campo apenas no segundo tempo das partidas da seleção, usando a camisa que tinha utilizado na Suécia, em 1958: malha italiana em listras horizontais azuis e vermelhas. Segundo os colegas, a vestimenta nunca tinha sido lavada!

Ainda sobre o "Marechal da Vitória", um repórter da *Gazeta Esportiva* observou que Paulo Machado de Carvalho passou a prender um clips no bolso do *blazer* marrom.

Pelo visto, deu sorte!

Supersticiosos (parte dois)

De acordo com a revista *Manchete*, um torcedor brasileiro já apostava no título da seleção e a previsão era baseada em uma letra: "*Em 50 o nosso azar começava com G: Ghiggia. O deles, esse ano, vai começar com G também: Garrincha*". Ghiggia foi o carrasco do Brasil na Copa de 1950 e, doze anos depois, Mané Garrincha foi o carrasco dos adversários.

Supersticiosos (parte três)

O Hotel Miramar de Viña del Mar recebeu três seleções na Copa e ganhou fama de trazer má sorte, pois espanhóis, ingleses e iugoslavos se deram mal na competição. Sobre a Espanha, "*Houve uma reunião no Hotel Miramar, quando Puskás e Di Stéfano obrigaram Helenio Herrera a fazer modificações no time espanhol. Essa reunião, antes do jogo com o Brasil, durou até as 2 horas da madrugada*", conforme informou a *Revista do Esporte*.

Nilton *versus* Helenio

O falastrão do técnico da Espanha deu declarações dizendo que Nilton Santos, a "enciclopédia do futebol", estava velho para o esporte. Entretanto, depois da virada da seleção diante da equipe europeia, o lateral esquerdo foi cumprimentar o treinador. Estava, claro, com um sorriso de orelha a orelha.

Jogo de "damas"

Pelé também era craque no tabuleiro e ficava horas jogando "damas" para passar o tempo. De acordo com a *Gazeta Esportiva*, "*(...) Pelé colocou a turma em fila e foi vencendo um a um no jogo de 'damas'. Mauro foi o penúltimo e se constituiu no mais sério rival do craque praiano (...)*". No entanto, o capitão brasileiro não conseguiu derrotar o Rei.

Aposta na vitória

Antes do jogo contra a seleção brasileira, os torcedores chilenos demonstravam otimismo. Carros, ônibus e muros de Santiago traziam faixas e pinturas com o seguinte slogan: "*Com Pelé ou sem Pelé, ganharemos outra vez.*"

Foi uma previsão que falhou!

Muito dinheiro

Um fazendeiro brasileiro que estava no Chile visitou a concentração nacional e, ao se deparar com Pelé, ofereceu 500 mil cruzeiros ao Rei, caso a seleção conquistasse a Copa. A reportagem do jornal *Gazeta Esportiva* criticou a atitude e lamentou o clima de "já ganhou".

Chamem os reforços

A equipe da Tchecoslováquia chegou ao Chile com apenas dezoito atletas, pois a comissão técnica não acreditava muito na classificação para as quartas de final. No entanto, durante a Copa, mais três jogadores foram convocados.

Protesto dos britânicos

Antes da Copa, os ingleses fizeram um protesto na FIFA contra a possibilidade de seleções, como Espanha e Itália, escalarem jogadores "não natos", conforme relato feito pela *Gazeta Esportiva*. "*Isto, por sinal, acabaria com 'algumas seleções'... No entanto, vamos ver o que faz o Congresso da FIFA. A verdade, em tudo isso, é que não podem mais continuar esses autênticos 'assaltos' de certos países a jogadores de outros. Isso é mais que deselegância, mais que deslealdade, isso pode ser até chamado de 'banditismo' futebolístico*", protestou o jornal.

Fair play

Depois de toda confusão com Garrincha no jogo contra os donos da casa, Toro foi cumprimentar Didi e disse que estava apoiando a seleção brasileira para que a *Jules Rimet* continuasse na América do Sul.

Árbitros brasileiros

João Etzel era o árbitro brasileiro na Copa e tinha Olten Ayres de Abreu como suplente. No entanto, mais dois juízes "nacionais" estiveram no Chile: Eunápio de Queirós, que trabalhava na Panair, e Armando Marques, que atuava como observador de arbitragem.

O "primeiro-ministro" da seleção

O jornalista de *O Cruzeiro*, David Nasser, chamava Aymoré Moreira de "primeiro-ministro" da seleção e o comparava com o irmão, Zezé Moreira: *"Como se não bastasse, a Dinastia dos Moreira voltou ao futebol brasileiro, que está, como diz o Sérgio Porto, precisando de uma reforma de base. Depois daquela coisa que foi Zezé Moreira em 1954 – uma espécie de Jânio Quadros do futebol, amargo, cinzento, irritado, autosuficiente, condutor de derrotas, transformando a beleza do espetáculo numa representação triste, sem graça, sem vida – depois de Zezé Moreira, o Brasil reagiu, tomou jeito e passou a atuar, no futebol, democraticamente, sem regras ditatoriais, sem bilhetinhos, sem a escravização do homem."*

Na quebrada

Os tchecos, adversários do Brasil na primeira fase e na final, estavam concentrados em um local chamado Quebrada Verde, em Valparaíso. Era uma colônia de férias de funcionários públicos do Banco do Estado. Os atletas ficavam isolados, em meio a bosques de eucaliptos. A imprensa da Tchecoslováquia dizia que a seleção de 1962 era melhor do que a de quatro anos antes e tinha razão!

Mestre sapateiro

Uma figura presente na comissão técnica do Brasil em 1962 era a de Aristides, o mestre sapateiro. Ele tinha a função de cuidar das chuteiras dos atletas. À revista *O Cruzeiro*, ele mostrava os calçados dos craques: *"(...) Esta aqui é do Zózimo. Desde juvenil que gosta de travas altas, quer chova quer faça sol (...). Sabe de quem é essa, certinha? Do Mané Garrincha. Tem pernas tortas, mas sabe pisar"*. Sobre Pelé, Aristides revelou: *"(...) O garoto não gosta muito de cuidar de chuteiras. Mas agora consegui convencê-lo a usar dois pares: um no primeiro tempo e outro no segundo. Uma chuteira engraxada brilhando e sequinha, dá mais conforto"*. Durante a reportagem, Nilton Santos entrou no quarto e revelou que ele próprio engraxava as chuteiras: *"É a minha caneta de escrever e por isso tenho que cuidar dela."*

Um outro acontecimento curioso da concentração nacional foi registrado na véspera da estreia. Na manhã do dia 29 de maio, os torcedores invadiram o local. Por volta de 11h30, o massagista Mário Américo tocou um sino, indicando o fim do "horário das visitas". Os jogadores almoçaram e foram descansar para o treino da tarde.

Todos estavam ansiosos, claro!

Nervosismo

O jornalista Armando Nogueira contava que Garrincha estava muito nervoso na véspera da final da Copa. Mané passou a noite fumando a ponto de os dedos ficarem amarelados.

Bilhete de Jânio

Jânio Quadros, que tinha renunciado à presidência em 1961, enviou um bilhete aos campeões: "*Os futebolistas brasileiros acabam de projetar (...) o nome do nosso país em todo o mundo. (...) Saudando, com efusão, esses nossos conterrâneos acima, todos, do que nos separe, na política, nas ideologias, na vida cotidiana, manifestemo-lhes nossos agradecimentos de patriotas.*"

O ritual de Carbajal

O veterano goleiro mexicano Carbajal se ajoelhava antes de cada tempo, no centro do gol. Além disso, batia três vezes o bico da chuteira em cada uma das traves. O México não passou da primeira fase, é verdade, mas o goleiro fez questão de ficar no Chile para assistir aos jogos da Copa até o fim.

O ritual de Jango

Um dos torcedores mais nervosos durante a final da Copa era o presidente João Goulart. Trancado no Palácio da Alvorada, em Brasília, ele caminhava de um lado para outro. Jango tinha quatro aparelhos de rádio ligados em diferentes salas. Segundo *O Cruzeiro*, "*(...) Quando a si-*

tuação podia parecer dramática, ele disfarçava, mostrava-se um tanto alheio e saía da sala apenas para continuar a ouvir a transmissão em outra rádio. Era o presidente João Goulart (...)". Jango declarou ao *Jornal dos Sports*: "(...) Para muitos, poderá parecer exagero. Todavia, queria acompanhar passo a passo a narrativa daqueles que comentavam a peleja. Um [aparelho de rádio] poderia falhar, e eu teria imediatamente outro para entrar em ação". Dos quatro aparelhos de rádio, três eram portáteis.

Zito, Jango, Pelé e Gylmar nas comemorações pelo bicampeonato
(*Fundo Correio da Manhã*/Acervo Arquivo Nacional)

"Fazendo cera"

A seleção brasileira vencia o Chile por 1 a 0 quando Mauro Ramos de Oliveira começou a ter coceira nos olhos e a vista passou a falhar. Ele saiu de campo e foi atendido. O médico da seleção usou um colírio e o capitão nacional melhorou. Mas enquanto estava fora do gramado, Mauro recebeu vaias da torcida. Os chilenos pensavam que ele estava fazendo cera, o que não era verdade.

Cadê a medalha?

Depois do duelo contra o Chile, Zagallo voltou ao gramado do Estádio Nacional, pois tinha perdido uma medalhinha durante o jogo. De acordo com *O Cruzeiro*: "*Zagallo perdera a medalhinha que o Pe. Rubens lhe havia dado. E não se conformava com isso. Após o jogo, voltou a campo e demorou 15 minutos, procurando inutilmente. Mas o padre lhe deu outra.*"

Pelado, pelado!

O *Diário Carioca* registra que Puskás, craque húngaro que defendeu as cores da Espanha, em 1962, prometeu andar nu nas ruas, caso a seleção brasileira vencesse os espanhóis. "*Autoridades atentas: Puskás pode sair nu*", destacou o jornal do Rio de Janeiro. As autoridades de Viña del Mar foram colocadas de sobreaviso. A promessa do jogador foi feita a Didi.

Pelo que se sabe, Puskás aceitou a derrota e se comportou bem!

Nos arbustos

Didi e Nilton Santos, dois veteranos da seleção, faziam de tudo para evitar as atividades pesadas do preparador Paulo Amaral. Uma das estratégias, durante as corridas em volta do campo de treinos, era a de se esconderem em arbustos para economizar energia.

"A Taça do Mundo é Nossa"

O troféu conquistado pelo Brasil pela segunda vez, em 1962, foi confeccionado por Abel Lafleur, francês amigo de *Jules Rimet*, presidente da FIFA, que idealizou a Copa do Mundo, em 1930. A taça tinha 30 cm de altura, pesava 3,8 kg (sendo 1,8 kg de ouro maciço) e representava a figura alada de Nice, deusa grega da vitória. O troféu recebeu o nome de *Jules Rimet* em 1946.

Depois da conquista do bicampeonato pela Itália (34-38), o troféu ficou escondido durante a Segunda Guerra. O dirigente italiano Ottorino Barassi guardou a taça dentro de casa, em uma caixa de sapatos, para evitar que o ouro fosse derretido pelos nazistas. Em 1954, os alemães, campeões daquele ano, foram autorizados a trocar a base do troféu para uma de mármore, que passaria a ter o nome dos países vencedores grafados em pequenas placas. Pelo regulamento, quem fosse campeão três vezes ficaria com a posse definitiva. A seleção brasileira conquistou o tricampeonato em 1970, no México. Infelizmente, a taça foi roubada da sede da CBF, no Rio de Janeiro, em 1983.

Despedida de Garrincha

Era noite de um domingo qualquer de 1991 e eu estava assistindo à TV Gazeta. Terminou o Mesa Redonda, apresentado pelo saudoso Roberto Avallone, e a emissora paulista começou a exibir o videoteipe de um jogo antigo da seleção brasileira. Pela primeira vez, vi Garrincha em campo! Com a narração de Peirão de Castro, a Gazeta reexibiu o "jogo da gratidão", partida organizada para arrecadar recursos a Mané, que enfrentava dificuldades financeiras. O Maracanã estava lotado (150 mil torcedores) naquele dia 19 de dezembro de 1973 para o jogo entre os campeões de 1970 e um combinado de estrangeiros. Foi a última vez em que Pelé e Garrincha, dupla que encantou o mundo em 1958, atuaram juntos pelo Brasil e jamais perderam: 40 jogos, 36 vitórias e 4 empates. Aos 40 anos, Mané não estava bem fisicamente, mas fez boas jogadas pela ponta direita. Em um lance, passou a bola entre as pernas de um adversário. Aos 30 minutos do primeiro tempo, o árbitro Armando Marques interrompeu a partida para que Garrincha desse a volta olímpica: era a despedida oficial do "gênio das pernas tortas", daquele que virou a "alegria do povo". Mané jogou suas chuteiras para os torcedores que estavam nas gerais do Maracanã.

A seleção brasileira, comandada por Zagallo, jogou com Félix (Leão); Carlos Alberto (Zé Maria), Brito (Luís Pereira), Piazza e Everaldo (Marinho Chagas); Clodoaldo (Zé Carlos) e Rivellino (Manfrini); Garrincha (Zequinha), Jairzinho (André), Pelé (Ademir da Guia) e Paulo Cézar Caju (Mário Sérgio). O Brasil saiu perdendo com gol do argentino Brindisi. Ainda no primeiro tempo, Pelé, que teve uma atuação espetacular naquela noite, empatou a partida. O Rei driblou dois adversários, invadiu a área e tocou na saída do goleiro argentino Andrada que, em 1969, tinha sofrido o milésimo gol dele, também no Maracanã. Na etapa final, Luís Pereira virou o jogo e fechou o placar: 2 a 1. Cerca de 160 mil dólares foram arrecadados nas bilheterias e, com a quantia, Garrincha comprou imóveis para a família.

21 horas
Maracanã
Jogo da Gratidão em Homenagem a Mané Garrincha

Narração: **Fiori Giglioti**
Comentário: **Loureiro Jr.**
Reportagem: **J. Hawila**

em colaboração com o **jornal da tarde**
⊙RÁDIO BANDEIRANTES
CADA DIA MELHOR QUE ANTES

A despedida de Garrincha teve ampla cobertura da imprensa
(acervo pessoal do autor)

No texto *Driblar, Eis o Mistério de Garrincha*, Armando Nogueira retrata com muita poesia o futebol do "gênio das pernas tortas":

Driblar, tendo pernas tão tortas
e driblar como ninguém
eis um mistério de Garrincha que eu não ouso explicar...
Driblar, tendo uma perna mais curta que a outra
e driblar como ninguém
eis um mistério de Garrincha que tu não ousas explicar...
Driblar, tendo um desvio na espinha dorsal
e driblar como ninguém
eis um mistério de Garrincha que ele não ousa explicar...
Driblar, quase sempre para o mesmo lado,

repetindo o gesto mil vezes para mil vezes afirmar-se negando o próprio conceito de drible
eis um mistério de Garrincha que não ousais explicar...
Driblar
e driblar com tanta graça e naturalidade
eis um mistério de Garrincha que só Deus pode explicar.

Garrincha e Elza Soares
(*Última Hora*/Arquivo Público do Estado de São Paulo)

Referências

Jornais
Folha de S. Paulo
Estado de S. Paulo
O Globo
Jornal do Brasil
Gazeta Esportiva
Folha da Manhã
Diário Carioca
Jornal dos Sports
Correio da Manhã
Diário da Noite

Revistas
Manchete
O Cruzeiro
Gazeta Esportiva Ilustrada
Revista do Rádio
Revista do Esporte
Fatos & Fotos
O Mundo Ilustrado

Livros

ANDRADE, Carlos Drummond de. *Quando é dia de futebol*. São Paulo: Companhia das Letras, 2014.

BIBAS, Solange. *As Copas que ninguém viu*. Rio de Janeiro: Catavento, 1982.

CARDOSO, Tom. *O Marechal da Vitória: uma história de rádio, TV e futebol*. São Paulo: A Girafa, 2004.

CASTRO, J. Almeida. *Histórias da bola*. Portugal: Talento, 1998.

CASTRO, Ruy. *Estrela Solitária, um brasileiro chamado Garrincha*. Rio de Janeiro: Companhia das Letras, 1995.

CORDEIRO, Luiz Carlos. *De Edson a Pelé: a infância do Rei em Bauru*. São Paulo: Dorea Books and Art, 1997.

DUARTE, Orlando. *Fried versus Pelé*. São Paulo: Makron Books, 1994

DUARTE, Orlando. *Pelé, o Supercampeão*. São Paulo: Makron Books, 1993.

DUARTE, Orlando: *Todas as Copas do Mundo*. São Paulo: Makron Books, 1994.

FILHO, Mário. *Copa do Mundo, 62*. Rio de Janeiro. Cruzeiro, 1962.

FILHO, Mário. *Viagem em torno de Pelé*. Rio de Janeiro: Mario Filho, 1963.

GOUSSINSKY, Eugenio; ASSUMPÇÃO, João Carlos. *Deuses da bola*. São Paulo: Dorea Books and Art, 1998.

HEIZER, Teixeira. *O Jogo Bruto das Copas do Mundo*. Rio de Janeiro: Mauad, 1997.

LANCELLOTTI, Sílvio. *Almanaque da Copa do Mundo*. Porto Alegre: L&PM, 1998.

LÉO, Alberto. *História do Jornalismo Esportivo na TV brasileira*. Rio de Janeiro: Editora Maquinária, 2017.

MENDES, Luiz. *7 mil horas de futebol*. Rio de Janeiro: Freitas Bastos, 1999.

PELÉ. *A autobiografia*. São Paulo: Sextante, 2006.

PORTO, Sérgio (Stanislaw Ponte Preta). *Bola na rede: a batalha do bi*. São Paulo: Civilização Brasileira, 1993.

RIBAS, Lycio Vellozo. *O Mundo das Copas*. Brasil: Lua de Papel, 2010.

RODRIGUES, Nelson. *À sombra das chuteiras imortais*. São Paulo: Companhia das Letras, 1998.

THIAGO UBERREICH

1958
O BRASIL É CAMPEÃO

A conquista que colocou o país no mapa

Ouça as transmissões
de rádio dos jogos
do Brasil na Copa de 1962
(QR Code na p. 147)

LP
Letras do
Pensamento

THIAGO UBERREICH

1970
O BRASIL É TRI

A conquista que eternizou a seleção brasileira

Ouça as transmissões
de rádio dos jogos do
Brasil na Copa de 1970
(QR Code na p. 147).

Letrasdo
Pensamento

THIAGO UBERREICH

A história das primeiras Copas conquistadas pela seleção brasileira

A trilogia do tricampeonato

LP
Letras do Pensamento

A história das primeiras Copas conquistadas pela seleção brasileira

Os torcedores da seleção farão uma viagem pelas histórias dos três primeiros títulos do escrete nacional em Copas. Em *1958 - o Brasil é campeão*, Thiago Uberreich resgata o surgimento de Pelé e de Garrincha em campos suecos e o fim das decepções esportivas do país em mundiais. O segundo volume da trilogia, *1962 - o Brasil é bi*, relata o drama da contusão do camisa 10 que trouxe preocupações ao grupo, mas a seleção chegou ao bicampeonato, no Chile. Já o livro *1970 - o Brasil é tri* retrata que o planeta assistiu a um dos maiores espetáculos de futebol em todos os tempos. No México, os torcedores vibraram com Pelé, Gérson, Jairzinho, Tostão, Rivellino, Carlos Alberto Torres e toda uma geração de ouro. O escrete goleou a Itália na decisão e conquistou em definitivo a taça *Jules Rimet*.

Boa leitura!

QR Codes com as narrações de rádio em 1958, 1962 e 1970.

LP
Letras do Pensamento

www.letrasjuridicas.com.br
www.letrasdopensamento.com.br

ISBN 978-65-89344-30-9

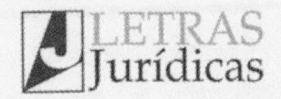

QUEM SOMOS

As Editoras LETRAS JURÍDICAS e LETRAS DO PENSAMENTO, com 22 anos no mercado *Editorial e Livreiro* do país, são especializadas em publicações jurídicas e literatura de interesse geral, destinadas aos acadêmicos, aos profissionais da área do Direito e ao público em geral. Nossas publicações são atualizadas e abordam temas atuais, polêmicos e do cotidiano, sobre as mais diversas áreas do conhecimento.

As Editoras LETRAS JURÍDICAS e LETRAS DO PENSAMENTO recebem e analisam, mediante supervisão de seu Conselho Editorial: *artigos, dissertações, monografias e teses jurídicas* de profissionais dos *Cursos de Graduação, de Pós-Graduação, de Mestrado e de Doutorado*, na área do Direito e na área técnica universitária, além de obras na área de literatura de interesse geral.

Na qualidade de *Editora Jurídica e de Interesse Geral*, mantemos uma relação em nível nacional com os principais *Distribuidores e Livreiros do país*, para divulgarmos e para distribuirmos as nossas publicações em todo o território nacional. Temos ainda relacionamento direto com as principais *Instituições de Ensino, Bibliotecas, Órgãos Públicos, Cursos Especializados de Direito* e todo o segmento do mercado.

Participações em Feiras **Nacionais e Internacionais**.

NOVIDADE!!! O Autor (a) da LJ/LP receberá uma página exclusiva para inserir sua biografia, fotos, vídeos e artigos de sua área e geral, para interagir com o leitor e ter maior visibilidade no mercado.

Na qualidade de *editora prestadora de serviços*, oferecemos os seguintes serviços editoriais:

✓ Análise e avaliação de originais para publicação;	✓ Fotografia: Escaneamento de material fotográfico;
✓ Redação, Revisão, Edição e Preparação de Texto;	✓ Gráficas – Pré-Impressão, Projetos e Orçamentos;
✓ Assessoria Técnica Editorial;	✓ Ilustração: projeto e arte final;
✓ Cadastro do ISBN – CBL e SNEL;	✓ Áudio Books;
✓ Ficha catalográfica – CBL e SNEL;	✓ Livros Digitais, formatos E-book e Epub;
✓ Design e montagem da Arte de capa;	✓ Organização de Lançamentos, eventos, palestras e workshops;
✓ Digitação e Diagramação de textos;	✓ Pesquisa Editorial CBL e SNEL.
✓ Direitos Autorais: Consultoria e Contratos;	✓ Peças Publicitárias - Banners, Cartazes, Convite de Lançamento, Folhetos, Marcadores de Página e peças em geral de divulgação e publicidade.
✓ Elaboração de sumários, de índices e de índice remissivo;	
✓ Fotografia: Escaneamento de material fotográfico;	

Nesse período a *Editora* exerceu todas as atividades ligadas ao setor **Editorial/Livreiro** do país. É o marco inicial da profissionalização e de sua missão, visando exclusivamente ao cliente como fim maior de seus objetivos e resultados.

"NOSSAS MARCAS MOSTRAM AS LETRAS DO FUTURO"

O EDITOR

A Editora reproduz com exclusividade todas as publicações anunciadas para empresas, entidades e/ou órgãos públicos. Entre em contato para maiores informações.
Nossos sites: www.letrasjuridicas.com.br e www.letrasdopensamento.com.br
E-mails: comercial@letrasjuridicas.com.br e comercial@letrasdopensamento.com.br
Telefone/fax: (11) 3107-6501 – 99352-5354

Impressão e Acabamento | Gráfica Viena
Todo papel desta obra possui certificação FSC® do fabricante.
Produzido conforme melhores práticas de gestão ambiental (ISO 14001)
www.graficaviena.com.br